レスリー-ジェーン・イールズ-レイノルズ
ブレンダ・ジャッジ/エレイン・マックリーリー 著
パトリック・ジョーンズ

楠見 孝 / 田中優子 訳

大学生のための
クリティカルシンキング
学びの基礎から教える実践へ

CRITICAL
THINKING
SKILLS FOR EDUCATION STUDENTS

Lesley-Jane Eales-Reynolds, Brenda Judge, Elaine McCreery, Patrick Jones

北大路書房

CRITICAL THINKING SKILLS FOR EDUCATION STUDENTS Second Edition
by Lesley-Jane Eales-Reynolds, Brenda Judge, Elaine McCreery and Patrick Jones
©2013 Lesley-Jane Eales-Reynolds, Brenda Judge, Patrick Jones and Elaine McCreery
Original Enlgish Edition published by SAGE Publications
in the United States, United Kingdom, and New Delhi
Japanese Translation published by arrangement with SAGE Publications Ltd.
through The English Agency (Japan)Ltd.

はじめに

　本書は，教育学や心理学を学ぶ学生が，専門分野において必要な基礎的な学習のスキルと研究法を学びつつ，批判的思考（クリティカルシンキング）のスキルや態度（マインドセット）を身につけるための教科書です。原著である "Critical Thinking Skills for Education Students"（教育を学ぶ学生のための批判的思考スキル）は，大手出版社SAGEから2009年に初版が発行され，英国の大学で教科書として用いられています。本書は2013年発行の第2版に基づいています。

　本書のテーマである「批判的思考」は，「相手を非難する」という否定的な意味を指すものではありません。その本質は，自他の考えを客観的立場から吟味し，自分の価値観や態度，感情がどのように影響しているかを振り返り，立ち止まって考えたりすることにあります。ここでは，相手の意見に耳を傾ける開かれた心が出発点にあり，他の人と協同してより良い決定や問題解決をすることを目的としています。

本書の内容と構成

　本書は，全10章で構成され，批判的思考の基礎から始まり，大学での学習や研究のためのスキルとしての批判的思考，その評価の方法，コミュニティにおける実践や職場における専門家としての成長という流れで解説がされています。

　具体的には，第1章でまず，批判的思考がなぜ大切でどのようなものなのかという問いから始まり，教育分野のデータに基づいて批判的思考を展開し

ていくうえで必要なスキルについて，説明しています。続く第2章では，批判的に考えるうえで重要なスキルとして，論証が客観的で妥当な前提に基づいているかを読み解く方法について述べています。

　第3章からは，さらに具体的なスキルとして，インターネットから文献を検索し活用する方法や情報（デジタル）リテラシーについて，第4章では，データを分析し結果を解釈するスキルとして基礎的な統計手法の解説をしています。

　第5章と第6章では，批判的思考スキルを身につけるための練習方法として，それぞれ，読むことと書くことについて解説しています。さらに，第7章では，自分の書いたものを振り返るという内省を通して，批判的思考スキルを伸ばすことについて述べています。第8章では，他者が書いたものなどに発揮された批判的思考をどのように評価するかについて，ルーブリック（評価規準）などを用いる方法について説明しています。

　第9章では，批判的思考のコミュニティ，すなわち他者と協力する中で批判的思考のスキルを高める場について，オンラインのグループも含めて述べています。そして，最後の第10章では，教育の現場，特に実習の場における批判的思考のスキルについて述べています。

　次に，本書が対象とする読者および特徴と，本書を使った授業の進め方について記します。

本書が対象とする読者

　本書は，第一に，教育学や教員養成課程，心理学や社会学，保育学などの関連領域を学ぶ学生向けの批判的思考のテキストです。本書を通して，大学における学習や研究のスキルを身につけることができます。また，英国で教科書として用いられている本書を通して，英国の小学校の現場や大学教育および教師教育について知ることもできます。

　第二に，探究的学習を通して，批判的思考スキルを身につけたい高校生に

も，背伸びをすれば届く内容です。

　第三に，小中高そして大学などの教員，教育や心理学，福祉の現場で実践に関わる人や研究者にとっては，学校などの現場において，批判的思考スキルをいかに育み，評価し，実践に活用するかを知るうえでも適した本です。

本書の特徴

　本書は，各章の冒頭にある「本章の目標」で学習目標が明示されています。その章を学んだあとに何が達成できるようになっているかを意識しながら，テキストを学ぶことができます。

　各章には，解説と教育現場における「実践例」が紹介されるとともに，「練習問題」と「振り返り課題」が設けられています。複数の「練習問題」を解くことで各自が探究的活動を通して批判的思考を学ぶことができるようになっています。「振り返り課題」では，テキストの内容について問い直し，理解を深めることができます。また，「引用・参考文献」欄に掲載されている文献やインターネットのリソースを通して，学習をさらに深めることもできます。本書の巻末には，各章の日本語の推薦図書を訳者が加えました。

　本書は，読者が能動的に読むことができるようにデザインを工夫しています。「本章の目標」や本文における箇条書きの項目には，チェックボックス（□）を付けていますので，内容を理解・確認したらチェックをしてください。さらに，「練習問題」には空白のボックス，「振り返り課題」には罫線を配置しています。これらは，各自で課題に取り組む場所です。十分に考えを展開するためには，ノートやパソコンなどを使って考えを書くことを勧めます。特に，1人で読む人は，チェックボックスを活用しながら自分の理解度を確認しつつ読み，練習課題や振り返り課題を自分で解答してみてください。そして，各章の「引用・参考文献」や巻末の「日本語版推薦図書」に掲げた文献やインターネットの情報を読んで学びを深めてください。

本書を使った授業の進め方

　本書は，半期15回の大学１年次の導入授業におけるスタディスキルや批判的思考の授業，２・３年次の専門科目における研究法の入門授業の教科書として適しています。ここでは，私が，本書を使って，教育学部の２年生を対象に半期の授業をした経験に基づいて記します。

　全体は10章に分かれますので，１回１章分，第４章（データの分析と結果の解釈）は２回に分けて授業を行います。

予習について

　学生には，毎回１章分の予習をしてきてもらいます。テキストを読み，疑問点を明確にし，練習問題と振り返り課題をあらかじめ解答してきてもらいます。提出用のレポート用紙に書いてきてもらうとともに，取り上げた記事などの資料もつけて提出してもらいます。

授業について

　授業は大きく６つに分けることができます（括弧内は90分授業において目安となる時間です）。

　１．教員による導入：学習目標，重要事項や背景の解説（５分）
　２．分担者またはペアワークによるテキストの内容，関連文献の紹介と質疑（50分）
　３．分担者またはグループワークによる練習問題の解答の発表と質疑（15分）
　４．分担者またはグループワークによる振り返り課題の解答の発表と質疑（10分）
　５．全員による内容に関する討論（５分）
　６．教員によるまとめ（５分）

上記の2から4は，本文，練習問題，振り返り課題の担当をあらかじめ割り当てて分担発表させる方法と，ペアやグループワークで相互に発表させる方法があります。分担者を決めておくと，分担者はよく予習をしてきてスムーズに授業は進みます。しかし，予習してこない学生も現れます。そのようなときは，次のペアワークを取り入れるとよいでしょう。

ペアワークの進め方

ペアになった学生は，説明役と質問役に分かれます。説明役は1ページごとに自分の言葉で，自分の経験等を交えて，わかりやすく説明します。質問役は適宜，わかりにくかった箇所について明確化の問いをします。テキストの前半と後半で，説明役は交代します。

グループワークの進め方

上記の3と4のグループワークは，2組のペアがあわさって，4人グループをつくって行います。グループ内で，練習問題や振り返り課題の解答を発表して，相互にコメントすることによって考えを深めることができます。仲間からもらったコメントは，予習で作成した解答に赤字を入れることによって，自他の考えを比較して，振り返りができます。

また，ペアやグループは固定しないで，毎回組み替えることにより，さまざまな相手との協働学習ができます。

ポートフォリオ作成について

提出物は翌週に返却し，学生には，クリアファイルに整理をしてもらいます。これによって学生の学びの履歴を残すとともに，教育における批判的思考の資料として，その後の学習にも活用できると考えます。

＊　＊

ここで本書の翻訳の方針について述べます。タイトルにある「クリティカルシンキング」は，本文中では，同じ意味で，「批判的思考」という訳語を使っています。本書では，批判的思考やその関連用語を，日本の文化に根づかせたいと考え，なるべくカタカナ語を避けて，日本語にしています。たとえば，自己の考えを振り返る「リフレクション」は，「内省」「反省」「省察」などとさまざまな訳語があります。本書では，自己内における思考の反復や対話の意味を重視して「内省」を使っています。こうした訳語と英語の対応がつくように，本文の初出時においては（　）で英語を示しています。また，翻訳において，原文を翻訳しただけではわかりにくい箇所は，適宜（　）で意味を補っています。邦訳にあたり，URLの誤りやリンク切れ，文献を見直し可能な範囲で最新のものに修正しました。

＊　＊

　最後になりますが，2016年度の京都大学教育学部の2年生対象の「英語（教育科学）」を受講した皆さんに感謝申し上げます。学生の皆さんと一緒に本書の原書を読んだことがこの翻訳書の土台になっています。さらに，本書の草稿をチェックしてくれた大阪音楽大学短期大学部平山るみ准教授と楠見研究室秘書の高木絵美利さんに感謝申し上げます。また，本翻訳書のために力を尽くしてくださった安井理紗さん，それを引き継いで素晴らしい本を完成させてくださった北大路書房編集部の大出ひすいさんに感謝申し上げます。

2019年7月

訳者を代表して

楠見　孝

目次

はじめに

第1章　批判的思考：なぜ大切なのか，そしてそれは何なのか … 1

1. なぜ批判的思考力は大切なのだろうか ……………… 2
2. 批判的思考力とは何だろう？ …………………… 2
3. 批判的思考のプロセス ……………………………… 3

　（1）解釈　5
　（2）分析　7
　（3）評価　9
　（4）推論　11
　（5）説明　12
　（6）メタ認知　12

　●本章のまとめ ……………………………………… 13

第2章　批判的なマインドセットを育む：論証を読み解く …… 15

1. 論証とは …………………………………………… 16
2. 論証における主観性，客観性，曖昧さ …………… 19

　（1）主観性　19
　（2）客観性　20
　（3）曖昧性　22

3. レトリック ………………………………………… 24
4. 問いを出すアプローチ …………………………… 26

　●本章のまとめ ……………………………………… 28

第**3**章　情報（デジタル）リテラシー ……… 31

1. 情報リテラシー：定義および批判的思考との関係 …… 32
2. 情報を探す ………………………………………… 33
　（1）ウェブページを探す　34
3. 情報の管理と整理 ………………………………… 35
4. 剽窃と著作権 ……………………………………… 38
● 本章のまとめ ……………………………………… 40

第**4**章　データの分析と結果の解釈 ……… 43

1. 異なる種類のデータ情報とその分析 ……………… 44
　（1）量的データ　44
　（2）パラメトリック vs. ノンパラメトリック分析　46
　（3）質的データ　48
　（4）テーマとカテゴリー　49
　（5）質的研究の方法論　51
　（6）現象学　52
　（7）エスノグラフィ　52
　（8）アクションリサーチ　54
　（9）質的研究の方法　54
2. データの解釈 ……………………………………… 60
3. 倫理 ………………………………………………… 62
● 本章のまとめ ……………………………………… 63

第**5**章　批判的思考スキルを身につける：批判的に読む …… 65

1. 目的を持って読む ………………………………… 66
2. 関連情報を確認する ……………………………… 67
● 本章のまとめ ……………………………………… 71

第6章 書くことを通して批判的思考を育成する ········ 73

1. 課題の性質が批判的思考スキルを発揮する能力に影響を与える … 74

2. 課題のためのライティング ··························· 75

3. 課題の計画を立てる ······························· 79

4. オンライン評価と批判的思考 ······················· 82

● 本章のまとめ ································· 83

第7章 ライティングを分析する ················ 85

1. 自分が書いたことを振り返る ······················· 86

2. 内省 ······································· 89

　(1) 内省のレベル　92

3. 文体と文章構造を再検討する ······················· 93

　(1) レポートの「序論」　94
　(2) レポートの「結論」　95

4. レポートのおもな内容を構造化する ··················· 96

5. 編集とチェックという事務的な仕事 ··················· 97

● 本章のまとめ ································· 98

第8章 批判的に評価する ···················· 101

1. 批判的に評価する ······························· 102

2. 批判性を認識する ······························· 104

3. 規準に基づいた評価 ····························· 108

4. ブログや Wiki の批判的思考を評価する ··············· 110

5. 標準化された批判的思考テストの使用 ················· 111

● 本章のまとめ ································· 112

第9章　批判的思考のコミュニティ …………… 115

1. 協働的に活動する ……………………………… 116
2. 学びの共同体 ……………………………………… 117
3. 協働的な活動において解決すべき問題 ………… 118
4. アクションラーニング ………………………… 120
   - (1) アクションラーニングを設定する　121
   - (2) 実施にあたって考慮すべきこと　122
   - (3) 効果的なアクションラーニングのために重要なスキル　124
5. オンラインでの協働学習 ……………………… 126
   - (1) オンラインでのグループ構成　129
   - (2) オンライン上で他者と活動する　130
   - ●本章のまとめ ………………………………… 130

第10章　教育の現場における批判的思考 ………… 133

1. 職業能力育成のための背景文脈の重要性 ……… 134
2. 背景文脈の分析のプロセス …………………… 136
   - (1) 初期分析　136
3. 分析の継続 ……………………………………… 138
   - (1) 倫理に関する注意　141
4. 職業的能力の成長を振り返る ………………… 142
   - ●本章のまとめ ………………………………… 143

索引
日本語版推薦図書

xii

第 **1** 章

批判的思考
─なぜ大切なのか，そしてそれは何なのか─

　この章では，批判的思考とは何かについて考える。批判的思考とは知識や当たり前と思われていることに対しての本質的な問いかけであり，挑戦していくアプローチであるということを理解する。また，批判的思考は，自分自身の価値観や態度，経験，感情や自身の信条が与える影響を念頭に置きながら，考えや情報を客観的立場から吟味し，情報に対して問いを投げかけることを伴うものだと理解する。

◀　◀　◀　◀　**本章の目標**　▶　▶　▶　▶
この章では，次のことを理解する。

- □ なぜ批判的思考は大切なのか。
- □ 批判的思考のエッセンスとは。
- □ 批判的思考のプロセスとは。
- □ 価値観，経験，感情，態度は批判的思考にどのような影響を及ぼすのか。

1. なぜ批判的思考は大切なのだろうか

　大学卒業者を採用する側は，批判的思考，批判的分析，そして問題解決能力を，求める重要な能力としてあげている。しかし，こうした能力を備えた者はまれにしかいない。これらの能力は優れたマネジメント能力やリーダーシップ能力を支えるものである。批判的思考力は，問題について批判的かつ客観的に考え，よく組み立てられた議論を提起する能力を与えるため，あなたの研究や専門的な仕事に欠かせないものとなる。批判的思考力を伸ばすことによって，起業家そして生活と仕事に対し持続可能なアプローチをとることができる人々に求められる特性も身につけることになる。

2. 批判的思考とは何だろう？

　私たちはかなり幼い頃から「問う」ことを学んでいる。親たちは幼い子どもたちが「なぜ」と尋ねることをいつも恐れているようだが。これはそういった質問がしばしばうんざりするほど続くからだ。しかしながら，世界を理解し，批判的に考える力を高めるうえで「問う」ことは欠かせない。

　本書では，「批判的（critical）」という言葉は否定的な意味では用いていない。たとえば，「私は彼女が着ているジャケットが好きではない」という言明（statement）［訳者注：論理学用語で，ある事実を述べた文］は，誰かの服装の選択について批判的なものであるが，ここでは批判的思考は行われていない。むしろ，このような言明は批判的思考を行ううえで絶対に避けなければならない例の1つである（これは，個人の好みによる偏った判断の例である）。

　批判的思考をする際，私たちはあらゆることに対して疑問をもつことを求められる。あらゆることの中には，たとえば「地球は丸い」のような，通常は当たり前の事実として受け入れられているような言明が含まれることもある。あなたはそれが真実だとどのようにして知るのだろう。知識や当たり前

と思われていることに対して挑戦的なアプローチをとることで，あなたは世界について理解し，自身の知識を深めていくのである。

批判的思考は人によって異なる意味をもつこと，また，その人の存在論的そして認識論的な学習によって異なるものであるということを忘れてはならない（存在論とは，存在の性質に関わる科学のことである。認識論とは，知識の起源や性質，限界に関する諸理論を扱う哲学の一分野である）。しかしながら，もっとも基本的なレベルにおいて，批判的思考とはあらゆることに疑問を投げかけるアプローチをとるものである。

すぐれた批判的思考者になるためには以下の事柄が必要である。

□自分自身の考えや他者の考えに対して疑問を進んで投げかけること（ウェブサイトや印刷物に書いてあるからという理由だけでそれが真実とは限らない）。
□他者の考えやものの見方について心が開かれていること。
□肯定的・否定的な判断ができること。
□証拠の情報源を見分け，その分野で信頼されているものか，信ぴょう性があるものか認識できること。
□証拠や文献，その意味することについて探索し，問いを投げかけるために十分な自信をもっていること。
□自身の考えのプロセスや議論の構築における強みと弱みを認識できること。
□自身のバイアスや偏見に直面したときに誠実であること。
□代替案やさまざまな意見を考慮する柔軟性をもっていること。
□正直な気持ちで熟考したときに変更が必要だと思われたなら，考えについて再検討したり，それを修正することをいとわないこと。
□考えや議論を改善した形で再提示することができること。

3．批判的思考のプロセス

大学で教えられることの多くは，「事実」というよりもむしろ理論である。一見事実であるかのような証拠に基づいていたとしても，ほとんどの情報は

著者や研究者たちが関連するデータの分析から導いた批判的思考や解釈からきている。研究者たちは世界で何が起こっているのか説明するために考えを提起し，また，そのような考えを支持するため，あるいは，反駁するために証拠を集める。実際，学問的な議論というのは考えや理論のやりとりをする際に見られるものである。ある人がある考えや理論を出せば，他の人々はしばしば違う考えや理論を出すものである。学生・執筆者・研究者として議論に参加するとき，あなたは，自分自身の批判的思考スキルを用いて論点に関連する知識を提供することで，進行する議論の一部になるのである。

批判的思考のもっとも大事な側面の1つは，個人的に知識を創造することである。これは，次のようなことを通じて行う。

□特定の問題に関連する既存の知識や経験を確認する。
□その問題に関する自分自身の立場を考える（自身の感情や価値観を伴う内省プロセス）。
□別の証拠を集める。それらは自分自身の立場と矛盾するかもしれないし，逆にその立場を支持するものであるかもしれない。
□証拠を批判的に分析し（意味，構造，妥当性を検討する），その評価（意思決定）を行う。
□自分自身の知識や理解を発展させるために証拠を用いる。

このプロセスは私たち自身の観点を変える可能性がある。このように，批判的思考は解釈，分析，評価，推論，説明，メタ認知（自身の学習または思考プロセスへの気づきや分析）を必要とする（Facione, 1998）。これらのプロセスによって私たちは，他者に自分の観点を納得させるための意味のある議論を提起し，集合的な知識基盤に貢献することが可能となる。

これらの批判的思考の要素を詳細に見ていく前に，「批判的思考」という言葉の意味に関して注意を述べておきたい。「批判的思考」には，多くの解釈があり，すぐれた批判的思考者となるために求められるスキルや特質につ

いて多くの提案がなされている。これらは学問分野によって，「考えるとは何か」と「考えたことを実践すること」を区別することについて，そして国によってもさまざまである。同じ現象を説明するものでも，学問分野によって用いられる用語がしばしば異なることに気づくだろう。批判的思考の構成要素は何かという点や，学生たちがすぐれた批判的思考者となるために必要なスキルは何かという点について，学問分野で合意が欠如するのはこのためである。しかし，批判的思考という言葉が意味するものをきちんと批判的に評価することによって，学問分野によらない基本的なレベルで共通するコアとなる一連のスキルや特質を明確にできる。

批判的思考スキルに関する幅広い説明やそれらが学問分野によってどのように異なるのかを示す論文，書籍，ウェブサイトを本章末の文献欄に載せているが，ここでは，ファシオネの批判的思考スキルの枠組みについて述べる。ファシオネの枠組みを紹介する理由は，筆者らが重視する基本的スキルが含まれていること，また，もっとも広く使用されている批判的思考スキルの標準化されたテストの1つであるカリフォルニア批判的思考スキルテストの土台となっているためである。

(1) 解釈

私たちが何かを読んでいるとき，読んでいるものについての理解は自分自身の経験と既有知識に依存している。男の子が次のような文を読むことを学んでいる場面を考えてみよう。

ジョンはボールを持っている。

もしこの男の子がそれまでにボールを1度も見たことがなければ，彼には文の意味がわからないだろう。同じように，あなたが1人の女性に会って，彼女に何の仕事をしているのか尋ねた場面を考えてほしい。彼女はこう答えた。

私は免疫学者です。

　あなたは「免疫学とは何か」ということに何らかの理解があるかもしれないが，免疫学者が実際に何をしているのかについてかならずしも理解があるとは限らない。しかしながら，もしあなたが病院の研究室で働いていたら，免疫学者と一緒に働いている可能性があるため，免疫学者の役割について少しは理解しているだろう。

　聞いたり読んだりしたことを理解していなければ，そのことを批判的に分析することはできない。さらに，あなたがすでにもっている知識に対してそれがどのような価値をもつのかを評価したり，あなたが属するより広いコミュニティでの価値について評価することはできない。このように，解釈における最初のステップは理解をすることである。物事を理解するうえで欠かせないことは，物事の意味や重要性を表現できることである。すなわち，読んだものに対してあなたがどのように解釈したのかを表現することである。この解釈は，あなたが前からもっている知識や価値観，個人的経験（感情を含む）の影響を受けるだろう。たとえば，あなたは地球温暖化は本当に起きているかについての新聞記事を読んだとしよう。記事は地球温暖化が生じているという説明に反論するいくつかの説得力のある議論を提供しているように見える。しかしながら，あなたはグリーンランドに行ったことがあり，前代未聞の速さで溶けている氷河を見たことがあるとしたら，あなたはその記事を信じるだろうか。それとも，あなたの個人的な経験からすると間違っているように思われるという理由から，その論理や議論に間違いを見いだそうとするだろうか。

練習問題

新聞記事を1つ探し，まず記事を読んでみよう。そして，全体的にその記事

にはどのようなことが書かれているとあなたは理解したのか考えてみよう。次に，記事の書き手が自身の解釈のもとにしているデータ（資料，情報）を確認できるか試してみよう。あなたの解釈と，書き手が読者を説得し，信じさせたいことは何かについて考えよう。あなたは，書き手の解釈に同意するだろうか。もし同意しないならば，それはなぜだろうか。

　この課題を終えたら，この課題からあなたが学んだことを振り返ってみよう。課題を通して，何が身についたのかについて考えてみよう。

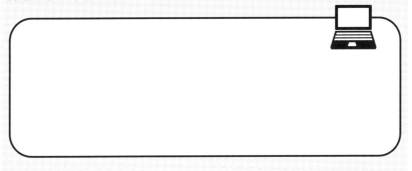

(2) 分析

　特定の問題について批判的に考えることができるようになるためには，問題を構成する要素について詳細な検討を行うことが必要不可欠である。これにより，問題の理解や議論が促進される。このような吟味を通して，あなたはその情報やデータのもつ意味を探そうとするようになる。これが分析のプロセスである。

　あなたは，「事実だけを教えてください」と言っている人を見たり聞いたりしたことが何度かあるだろう。しかし，事実というのは情報やデータに対する誰かの解釈にすぎないものであり，その解釈はその人がもっている問題の影響を受けている。良い例がダイエット広告である。ダイエット商品を売る会社は，インタビューをした人の中で，商品を使って実際に若くなったとか，やせた，健康になったと思った人の割合を広告に掲載する。商品を買う

ようあなたを説得するためである。こうした説得と意見については，後の章で詳しく取り上げる。

振り返り課題

次の言明はどこが間違っているだろうか。

Xを6週間摂取すると，76%の人が頭が良くなったと回答した。

この言明が何を伝えているのか，正確に分析する必要がある。この商品に投資したり，この商品を使用するかどうか検討するうえで，他にどのような情報が必要だろうか。

分析のプロセスでは，言明と言明の実際の関係と意図された関係（これらはいつも同じというわけではない）の両方を明確にする。次の例を見てみよう。

言明1：駐車場の閉鎖について，人々の意見を調べるために独立した調査が行われた。
言明2：大多数の人が駐車場の閉鎖に賛同した。
結　論：駐車場の閉鎖は偏りのない大多数の意見の結果である。

これらの言明全体の意図は，駐車場の閉鎖が偏りのない方法で民主的に同意されたものであること，すなわち「駐車場の閉鎖は偏りのない大多数の意

見の結果である」ことをほのめかすことにある。しかし，どこからそのようなことがいえるのだろうか。調査は独立したものということだが，誰から，または何に対して独立しているのだろうか。ここで「独立」とはどのようなことを意味するのだろうか。文脈によってさまざまな解釈が可能である。意見を求められたのはどのような人たちなのだろうか。また，「大多数の人が駐車場の閉鎖に賛同した」とあるが，賛同した人たちとはどのような人なのだろうか。駐車場の閉鎖について意見を求められた人と同じ人たちだろうか。あるいは，駐車場の閉鎖に関する会議に出席した人たちなのだろうか。会議への出席者はどのようにして選ばれたのだろう。何人くらいの出席者がいたのだろうか。このように，これらの言明同士の実際の関係は，思っているほど明確ではない。調査は本当に独立した（偏りのない）ものだったかもしれないが，（調査対象者と賛同者は違う集団かもしれないので）調査の結果として意見を求められた人の大半が決定を承認したことが示されたとはいえない。これはかなり瑣末な例であるが，すべてのことに常に疑問をもつことの必要性を示している。ある事柄が権威ある情報源をもっていたとしても，だからといって批判の余地がないものと思ってはいけない。

(3) 評価

　読んだものを理解し，それが何を言っているのかを正確に分析したら，次に，その中であなたを特定の見方に導くために用いられていた証拠や主張が妥当かどうか評価する必要がある。

　評価とは，ある知識のソースが，あなたの論証や議論に役立つかどうかを決定するプロセスである。たとえば，ある問題や議題について検討するとき，自分自身の理解と矛盾していたり，他の知識ソースと矛盾するような情報を見つけたとしよう。あなたはその矛盾した方の情報が望ましいと考えて自身の主張を棄却するだろうか。それとも自分の主張を守り抜くだろうか。後者の場合，どのようにして他者を自分の見解へと説得するだろうか。

具体例として，あなたがあるトピックについてのエッセイを書くことを求められていて，そのためには，そのトピックについて文献を調べなくてはならないという状況を考えてみよう。インターネットや図書館で調べていく中で，あなたはそのトピックに関係しそうな情報をたくさん見つけた。それらのうちのいくつかは，互いに矛盾している。その中からどの情報をエッセイに使うのかについて，あなたはどのように選択するだろうか。この問いに関する指針は次のとおりである。

①その情報が掲載されているのはどこか

　学術雑誌に掲載された論文は多くの場合（すべての場合ではないが）専門家同士で査読をしている。これはつまりその論文はその分野の専門家に認められたものだといえる。政府や専門機関のウェブサイトに掲載された情報も通常は信頼できるといえる。しかし，単に掲載されているという理由だけで，鵜呑みにしてはならない。専門家も間違いうるのだから！

②その情報を書いたのは誰か

　ある情報が（上記のような）学術雑誌や信頼できるソースでないからといって，かならずしも除外すべきだというわけではない。その著者の信頼性もまた重要である。その分野で有力な専門家も時に自分のウェブやブログに自分の考えを記事として載せることがある。しかし，それには注意が必要である。それ以外の多くの人（本書で考える適切な資格が欠けているような人）もまたウェブやブログに意見を書いているからである。書かれていることをよく読み，結論が適切な証拠や前提（前提とは，議論の基礎となっている事柄や，結論をそこから導いているもののこと）をもつかどうかを調べることが重要である。こうした考えが載せられた記事というのは，誰かの経験や感情，価値観などに色づけされた意見の集合にすぎないということを覚えておく必要がある。そのような記事は，時に合理的な議論を通じてではなく，レトリック（言葉を効果的，説得的に使う技術）を駆使して読み手を説得しようとする。

③結論は妥当か

あなたが見つけた情報はすべて，問いの内容について「メッセージ」や結論をもっている。その情報の著者は，根拠や前提に基づく説得的な意見を構築しながらその結論を導いていることだろう。あなたは結論が妥当であるかを見極める必要がある。たとえば，根拠が結論を支えているかどうかを判断したり，結論を出すために使われた論証が，弱い前提やレトリックではなく，強い根拠に基づいているかを見極めるということだ。このように論証を分解したり，その構成要素を明確にする能力は，分析をするプロセスの重要なカギとなり，ひいては批判的思考のカギとなるものである。このことについては次の章で考えていこう。

(4) 推論

推論は批判的思考プロセスの一部である。私たちは新しい理解をつくりだすために，新たに見つけた知識と既存の知識を推論によって統合する。私たちはこの統合された知識を使って，既存のアイデアに対して新たな解釈を行ったり，新しいアイデアに対してさえ解釈をすることができる。また，これによって妥当で適切な議論にするための結論を導くことができる。このような推論は，『切り裂きジャックの正体（"The Identity of Jack the Ripper"）』のような1888年にロンドンで起きた未解決事件について書かれた本によく見られる。たとえば，誰が被害者で，どのように，どこで死んだのか，など，事件についての"事実"は比較的よく本の中につづられている。そして，著者たちは他の証拠や情報を探して，切り裂いた犯人はクラリンス公爵かウォルター・シカート（芸術家）であると推測していく。何が有力な意見となるかは，信頼できる根拠に裏づけされたもっとも説得力のある論証を生み出した著者の影響を受けることになる。

(5) 説明

　すぐれた批判的思考者であるために間違いなく重要なことは，自分自身の推論についてはっきりと筋の通った説明をする能力である。すなわち，自分自身の考えを簡潔にわかりやすく聞き手に伝えるということに熟達していなければならない。これは単に（状況を説明するうえで重要な）わかりやすい話をするというだけでなく，結論に至るプロセスであなたがそのような決定や選択をなぜ行ったのかについて理由を説明しなければならないということだ。これらはすべて議論を行うスキルの一部である。これらについては次の章で説明する。

(6) メタ認知

　批判的思考の難しさの1つは，自分自身を意識することが求められていることである。つまり，データを読み，そこから導いた自分の結論に自身の経験やバイアスがどれほど影響を与えているのかを理解したり，私たちがそれをどのように伝え，実行に移しているのかを理解することが求められているのである。たとえば次のような新聞記事を読んだとしよう。ある動物保護団体が非常に衰弱している犬を発見し，飼い主を逮捕するとともにひどく非難したという記事だ。もしあなたが愛犬家ならば，飼い主を厳しく罰することを望むだろうが，記事には書かれていないことがあった。それは，その飼い主はつい先頃その犬を別の動物愛護センターから引き取ったばかりで，実際は犬が回復するよう努めていたため，この件が裁判にかけられることはなかったということだ。

　重要なことは，自分の理解や偏見がいかに自身の主張に影響を与えており，そのためにその主張が信用しにくいものになっているという可能性に気づくことである。たとえば，文献をもとに批判的思考スキルを学生に教える効果について明らかにしようとしているものの純粋に質的な研究を無視しているような研究があったとしよう。それは研究デザインの質を考慮に入れていな

い研究と同様に欠点のある研究といえるだろう。自身の理解の仕方について
よく理解し，自分の考えや状況に対する自分の反応について解釈し分析でき
るということは，批判的思考のとても重要な要素である。特に，実践的な職
業においては，この自己内省のプロセスが十分発達している。これについて
は，自分の文章を分析することを通して批判的思考スキルを育むことについ
て取り上げる第7章で考えていくことにする。

本章のまとめ

　第1章では，批判的思考には多様な特性や能力・スキルが求められてい
ること，また，それらすべては育成できるということを見てきた。文献に
は，誰もが合意する批判的思考の定義や批判的思考に含まれるスキルという
ものはない。本書では，他の研究者らが明らかにした多くのスキルや特性を
組み込んだ質的研究に基づくファシオネとファシオネ（Facione & Facione,
2007）の定義を選択した。内省するスキルは，いくつかの分野において批判
的思考の主要な要素だと考えられている。ファシオネの枠組みでは，メタ認
知は内省を含むスキルだとされている。

　批判的思考が直線的な活動ではないことを覚えておくことは重要である。
つまり，批判的思考には，大量のフィードバックループを伴いながら解釈，
分析，評価，推論，説明，そしてメタ認知を反復するサイクルが含まれるか
らである。各サイクルは，自らの考える方向に他者を説得するための議論を
洗練することになる。第1章では，論証のプロセスについて少しだけ触れた。
第2章ではそれをより深く見ていこう。

引用・参考文献

Facione, P. A.(1998). *Critical Thinking: What it is and why it counts*. Millbrae, CA: California Academic Press.

Facione, P. A. & Facione, N. C.(2007). Talking critical thinking. *Change: The Magazine of Higher Learning, 39*(2), 38-45.

Facione, P. A, Facione, N. C. & Giancarlo, C.(2000). The disposition toward critical thinking: its character, measurement, and relationship to critical thinking skills. *Journal of Informal Logic, 20*, 61-84.

Krathwohl, D. R.(2002). A revision of Bloom's taxonomy: An overview. *Theory into Practice, 41*, 212-218. Available online at: jstor.org/stable/1477405(accessed 4 February 2013).

Martin, D. W.(2006). An 'infusion' approach to critical thinking: Moore on the critical thinking debate. *Higher Education Research and Development, 25*, 179-193.

Moon, J.(2008). *Critical Thinking: An exploration of theory and practice*. New York: Routledge.

ウェブサイト

www.merriam-webster.com/dictionary/metacognition: 無料のオンライン辞書
www.thefreedictionary.com: 無料のオンライン辞書

第 2 章

批判的なマインドセットを育む
―論証を読み解く―

　前章では，すぐれた批判的思考者になるために必要なスキルを取り上げた。もっとも単純なレベルは，あらゆることに疑問をもつというものである。もし，あなたが何かの意見を求められたなら，既存の証拠に疑問を呈する必要がある。これは通常論証の形式として提示されるだろう。たとえば，「XとYに基づくと，Zは正しい」というように。あなたが自分自身の考えにたどり着くためには，提示された論証を分析し，妥当かどうかを調べる必要がある。本章では，このプロセスについて考えてみよう。

◀　◀　◀　◀　**本章の目標**　▶　▶　▶　▶
この章では，次のことを理解する。

□ 基本的な論証や複雑な論証がどのように構成されているか。
□ 結論の妥当性を前提から確認する方法。
□ 論証における主観性，客観性，曖昧さ，レトリックの役割。
□ 批判的思考スキルを育成するうえで，論証を分解することは
　どのように役立つか。

1. 論証とは

　批判的思考において「論証」という言葉を使うとき，私たちは意見の相違のことを言っているのではなく，自分の考え方を他者に納得させるための手段を意味する。論証はたいてい1つ以上の前提（論証のもとになる事実についての言明）と結論で成り立っている。たとえば，

　　前提1：道路工事の標識が倒れている。
　　前提2：とても強い風が吹いている。
　　結　論：強い風が標識を吹き飛ばしたのだ。

　明らかに，「車が標識に衝突したから」，「誰かが故意に標識を蹴り飛ばしたから」などのように，標識が倒れた原因は他にもあるだろう。あなたなら，もっと他にも考えられるはずだ。しかし，他の原因についての情報がなければ，上記の結論はとても論理的ではある。ただし，唯一の説明ではないかもしれない。

練習問題

　インターネット，雑誌，新聞からニュース記事や論説を1つ探してみよう。
　その記事の要点を明らかにし，書き手の結論（複数あればその中の1つ）を特定してみよう。次に，その結論のもとになっている前提はどれか確認してみよう。

第 2 章　批判的なマインドセットを育む

　書き手が導いている結論が何かを確認したり，その結論のもととなる前提やデータを同定することは重要である。「結論は論理的か」「証拠に基づいているか」「結論は間違った前提に基づいていないか」などを問いながら，自分の判断を鍛える必要がある。間違った前提とは，導出された結論を支持していない言明のことである。前ページの例を用いると，

　　前提 1：道路工事の標識が倒れている。
　　前提 2：とても強い風が吹いている。
　　結　論：道路標識は壊れている。

　標識は倒れているので，前提 1 は標識が壊れているだろうという結論を支えている。しかし，前提 2 は結論を支えていないので，間違った前提である。より良い前提は次のようなものだろう。

　　前提 2：車が標識に衝突した。

　上記の論証において，前提 1，前提 2 は事実であるかもしれないが，あくまでこの論証をしている人自身が経験したことの知覚や記憶に依存しているということに注意する必要がある。これによって前提が妥当でないことにはならないものの，この点を意識しておく必要がある。

振り返り課題

　上記の前提と結論について，結論は前提から論理的に導かれていると判断できるだろうか。もしそうでないならば，論理的なものにするにはどのように言い換えたらよいだろう。

17

　前提は，あなたが伝えようとする言明，つまり結論を支えるものでなければならない。自分の論証を構築する際，まず関連する前提に基づいてそれぞれ小さな結論を展開し，それらを用いて最終的な結論を支えるとより効果的な論証になるだろう。このような論証は入れ子構造の論証と呼ばれており，1つの結論が次の論証の前提となる。たとえば，

　　前提1：その学校は学校給食で非常に栄養価の高いメニューを考案することに多くの予算を投資してきた。
　　前提2：学校給食を食べない生徒は，偏った食事になりがちだ。
　　結　論：栄養面を考えると，すべての生徒は学校給食を食べた方がよいだろう。

　次に，この論証の結論を次の論証の前提1として使う。

　　前提1：栄養面を考えると，すべての生徒は学校給食を食べた方がよいだろう。
　　前提2：私たちの現在の予算では，すべての生徒に給食を提供することはできない。
　　結　論：私たちは給食のための予算に投資をする必要がある。

練習問題

　p.16とは別のニュース記事や論説を探し，論証が入れ子構造になっているかどうか確認してみよう。見つけた例をもとに，前提は結論を本当に支持しているかどうか判断してみよう。

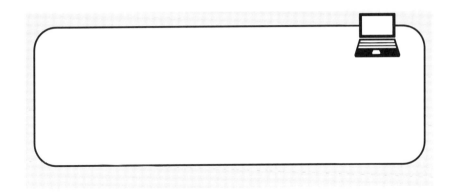

2. 論証における主観性，客観性，曖昧さ

(1) 主観性

　論証を分析する際，著者がレトリックを用いたり主観的な論理構成をしたりするので，1つの視点から説得されないようにすることは重要なことである（ここで「主観的」とは，ある人の言葉が意味することがその人の個人的な感情，好み，意見に基づいていること，あるいはそれらに影響されている，ということを意味する）。

　大切なことは，自分の立場を正当化するために，主題に関する証拠を提示することで判断や結論が客観的であると考えられるようにすること，一方あなたの価値観や考え方や経験，感情，個人の信条によって偏りのある間違った仮定や前提に基づいて判断や結論を下さないことである。

　とりわけ次のことを識別する必要がある。

　　□「事実」に関する言明において，著者がその部分は明らかで議論は不要であるとしている部分（たとえば，「以下は完全に明らかである」「以下は受け入れられている事実である」といった表現）。
　　□根拠のない発言や言明，そして逸話的証拠。

☐偏った論証もしくは間違った前提や仮定に基づいた論証。
☐バイアス(政治的,個人的,専門的な偏り)。
☐主張や論証を立証するために用いられる情報源の信ぴょう性。

練習問題

あるセミナーにおいて,ジェームズは,「特に貧困層の親たちは,子どものために必要なもの(ニーズ)をほとんど理解しておらず,適切な判断を下すことができない」と述べた。メーガンは彼に対して,この言明がどのような証拠に基づいているのかと尋ねた。ジェームズは自分の言っていたことがとても主観的であることに気づいた。

ジェームズの言明が主観的でなくなるように,彼の言明を修正してみよう。次に,もとの言明とあなたが修正した言明を比較し,取り除いた言葉や言い換えた言葉の一覧を作成しよう。それらはどのような言葉であっただろうか。

(2) 客観性

批判的思考の中心にあるのは(批判的な読み書きもまったく同様に),「客観性」(主観性と反対のもの)という概念である。客観的であるということは,バイアスなしに何かを読んだり,書いたり,考えたりすることである。すなわち,あらゆる事実と可能な説明を考慮に入れ,利用可能な証拠を用いること,同時に,書き手の視点を読み手に納得させるために用いた論証を支えているその信頼性と論理を問いただすことである。書き手が,自身の個人的な

第2章　批判的なマインドセットを育む

信念に基づいている可能性があり，ゆえに偏った説明をしている箇所よりも，証拠に基づく合理的な議論をしている箇所はどこかを見分けることが重要である。個人的な意見というのは主観的なものであるが，それらに対して厳密な問いかけをするならば，より客観的なものにすることができる。

　客観性とは，たとえ同意できない事柄についても，一歩退いて考え，証拠を熟考することを意味する。すべての問題に対してその肯定的な側面と否定的な側面の両方を分析したり，問題に対するさまざまな考え方の選択肢を評価したり，一人称ではなく三人称視点を用いたりすることで，客観的でいられる。しかしながら，あなたが書く文章の多くが自分自身の実践について内省したものや分析したものを含んでいる場合（とりわけあなたが教育実習生や教育実践家である場合），あなたは一人称で書くことが圧倒的に多いだろう（たとえば，「このことは多数派の本音を反映していると私は思う」だとか「私の意見としては，この論証はバイアスがかかっており，間違った前提に基づいている」などである）。一人称を用いることは，文章が十分客観的なものであるように見せることを難しくするかもしれない。客観的に見せる1つの方法は，三人称で記述することである（たとえば，「このデータは多数派の本音を示すものである」だとか「この証拠は，この論証にバイアスがかかっており，間違った前提に基づいていることを示唆している」などである）。

練習問題

　専門雑誌や新聞の記事を1つ選び（ネット上にあるものでもよい），編集者や読者のコメントが書いてある欄を読んでみよう。その中から，感情的なものや独断的（主観的）な言葉を探し，マーカーや下線を引いて特定してみよう。次に，同じ雑誌や新聞から理解しやすい論文やニュースの記事を読んでみよう。

　言葉遣いや説明の仕方に何か違いはあるだろうか。違いの一覧表を作成してみよう。一方は他方より客観的だろうか。もしそうだとしたら，なぜそのよう

21

に思うのかを考えてみよう。

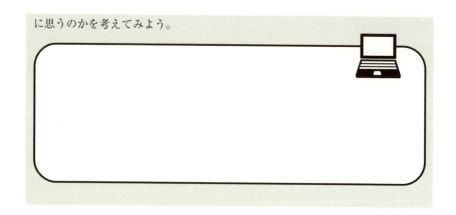

(3) 曖昧性

　何らかの事柄について批判的に考えるとき，2つの一般的問題によって混乱がもたらされる。問題の1つは主観性である。これについては前述したので，ここでは曖昧性について考えてみよう。ある言葉がいくつか異なる意味をもつ場合，その言葉は曖昧である。たとえば，"school" という言葉は，具体的には，子どもたちが教育を受ける場所だったり，大学内の管理構造のことを指すこともあれば，魚の群れのことを指すことさえある。それゆえ，その言葉がどの意味を指しているのか明確になっている文脈で用いられている場合を除いて，言葉の意味を見分けることが難しいことがある。

　たとえば，"The school was really big.（学校／魚の群れは非常に大きかった）" と聞けば，漁師はとても興奮するかもしれないが，大きな学校では自分の子どもがあまり注意を向けられないのではないかと心配する親にとっては，かならずしも喜ばしいことではない。上記の文を "The school was really big － it had 15,000 pupils.（学校は本当に大きかった。15,000人の生徒がいたのだ）" と変えることで，文脈を示すことができる。

振り返り課題

　この "school" という言葉の解釈の可能性をふまえて，文脈をより明確にする

第 2 章　批判的なマインドセットを育む

にはどのようにしたらよいだろうか？

　上記の例は，曖昧であるがゆえに誤解を与える可能性があるすべての言葉において，文脈を考慮することが重要であるということを示している。

　言葉から曖昧性を取り除いたとしても，自分たちの経験を理由にその言葉の意味に同意しない人もいるかもしれない。言明や一群の証拠を解釈するときに，あなた自身の見解や価値観，先入観の影響を許してしまうと（すなわち，分析が主観的になってしまうと），依然として問題は起こってしまう。

　たとえば，学生と大学という文脈において協力関係という概念を解釈するときの問題を取り上げてみよう。現在多くの大学では学生憲章（student charter）やパートナーシップ契約といったものがあり，学生を「パートナー」とみなしているが，ここで「パートナー」とは何を意味するのだろうか。パートナーシップが何なのかについては，正確に意見が一致する 2 人がいたとしても（たとえば，大学と学生の間で交わされる取り決めを意味するということは受け入れるとしても），大学と学生それぞれの役割や，各役割に付随する活動の範囲については意見の相違があるかもしれない。これには個人的な信条や価値観，信念が影響を及ぼしている可能性がある。たとえば，大学の教員は学生が学生自身のために学ぶように促すことが自分たちの役割だと考えている一方で，学生は学位を得るために知っておく必要のあることはすべて伝えるのが大学側の役割であると考えているかもしれない。この例が示

23

すように，ある概念が全員に受け入れられていたとしても，その主観的な性質ゆえに，合意の意味やその適用範囲については当事者同士の解釈に差異が生じることがある。

3．レトリック

　レトリックは，聞き手または読み手を巧みに操り，具体的な証拠を用いずに特定の観点を信じ込ませる手法として用いられることがある。たとえば，

　　前提1：地球温暖化は私たち人類の未来を脅かすものであることが最近の科学的証拠によって示された。
　　前提2：金持ちの実業家たちは，自分の私腹を肥やすことができる間は持続可能性の問題を無視しつづける。
　　結　論：私たちは世界を壊し，子どもや孫の世代に壊滅的で有害な負の遺産を残している。

　あなたは温暖化は現実のもので，私たちの未来を脅かしていると強く信じているかもしれないが，批判的思考者としては前提1に納得してはいけない。次のような問いを出すことができる。

　　□最近の科学的証拠とは何か。
　　□反対の証拠はないのだろうか。
　　□これらの研究はどれほど妥当なものなのか。

　他にも問いを考えることができるはずだ。前提2は完全にレトリックに基づくもので，経済危機やお金持ちたちへの特別な利益の配当のイメージを私たちに想起させる。この前提についても，同様に問いを出すことができる。

　　□実業家たちが持続可能性を無視しているという証拠はどこにあるのだろうか。
　　□実業家たちはすべて同じようにふるまっているのだろうか。

結論もまたレトリックに基づいて導かれている。もし前提1と前提2を正しいものとして受け入れるならば結論は妥当かもしれないが，その表現はあなたの感情に訴えるように計画されている。自身たちの行動のために子どもや孫が苦しんでいる様子を考えたい人などいるだろうか。

この例が示すように，明確な根拠を提示せずとも感情に訴える言葉を用いることで，自身の考えている方向に説得することは可能である。歴史上のもっとも偉大な雄弁家の中には，聴衆から感情的な反応を引き出す能力によって人々を説得してきた者もいる。このことは，彼らの論証がかならずしも間違っていたということを意味しているわけではないが，説得の特定のアプローチに対して自分がどのように反応するのかについては，細心の注意を払わなければならないということを意味している。

レトリックや，主観的語彙・言い回し・節・言明の例として以下のようなものがある。

□感情に訴えるような言葉（例：スキンヘッドの殺し屋（shaven-headed thug），仕事嫌い，トラブルメーカー）。

□ステレオタイプや一般化（例：紅茶好きの英国人（tea drinking English），飢饉で荒廃したアフリカ，最近の若者，老人，身体障害者）。

□人を信じ込ませる言葉や言い回し（例：かならず，明らかに，皆さんご存知のように）。

練習問題

インターネット上の記事（ブログの投稿記事でもよい）から読み手をある特定の視点へと導こうとしている記事を探し，論証構造を分析してみよう。その記事の書き手がレトリックを使っているかどうかあなたは判断できるだろうか。また，書き手の前提と結論は妥当だろうか。確認してみよう。

4．問いを出すアプローチ

　すぐれた批判的思考者になるためには，問いを出すアプローチによってあらゆる物事を常に吟味しなければならないと，心に留めておくとよい。あることが世間に受け入れられている叡智であるように見えるからといって，別の説明がないというわけではない。たとえば，ピアジェとドナルドソンは子どもたちがどのように発達するかという点において意見を異にしている。ピアジェは，子どもの思考力の発達は連続的ではないと主張する。連続的ではなく，思考力が急速に伸びてまったく新しい段階と能力へと移行する時点があるというのだ。ピアジェはこの移行が約18ヶ月，7歳，11歳，そして12歳のときに起こるものと考えた。すなわち，これらの年齢になるまでは，子どもは（いかに賢い子であろうと）次の発達段階の思考方法で概念や考えを理解することができないということを意味している。ピアジェの主張は学校のカリキュラムを作成する際の基礎として用いられてきた。

　一方でドナルドソンの理論（論証）は埋め込まれた思考とそうでない思考（embedded/disembeded thinking）という考え方に焦点を当てている。埋め込まれた思考，つまり身近な文脈に位置づけられた思考は，「人」において意味をなすもので，その文脈で推論できる子どもたちはより簡単に理解する。し

かし、なじみがないことや非現実的なことをするように言われた子どもたちの思考は、文脈に埋め込まれないため、理解ができない。

ドナルドソンは、子どもの思考に限界があるというピアジェの理論に異議を唱え、子どもができないことに目を向けるよりもできることを探し出すよう教育実践家たちを促した。ドナルドソンは、幼い子どもたちを効果的に教育するには、教育実践家たちは子どもの視点から物事を提供しようとしなければならないと考えたのである。

これが意味することは、ある問題に関して時に普及している有力な視点があったとしても、文献や経験（あなた自身の経験と他者の経験の両方）を通してあなたが調査し分析できる別の視点があるだろうということである。一所懸命探せばいつでも別の視点は見つけられるのだ。

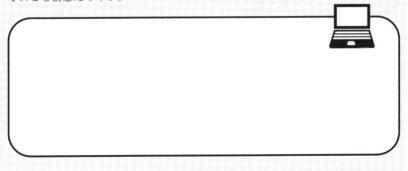

練習問題

　最近ニュースで取り上げられた問題に関する情報をインターネットで調べてみよう。相反する2つの見解を探し、その中の論証を分析する。論証をするうえでの結論、小結論、前提を明らかにする。解釈が異なるのは個人的な偏見のせいか、客観的に証拠を見ることができないせいか、あるいは誤った前提に基づいているせいなのかを判断する。そして、あなたはどちらの立場を支持するか、またその理由を答えよう。その選択の理由は価値観に基づいた偏見か、経験か、それとも信念だろうか。

ここまで見てきた練習問題が示すことは，批判的思考は，（あなたのものであれ他人のものであれ）思考プロセスや論証を吟味する能力だということである。批判的思考を効率的に行うために必要なのは，自身の考えに対して進んで疑問を投げかけること，そして他者の考えや物の見方に対して開かれた心をもつことだ。出版されている情報だからとか，インターネットに載っているから（公有の情報だから）といって，それが真実だとは限らない。このことを受け入れるための自信を十分にもっておく必要がある。

　以下のような表現に対して，健全な懐疑的態度を育む必要があることに注意すること。

　　□「～ということは明らかである」で終わる言明。
　　□確証のない論証や偏った論証。とりわけ政治的・専門的に偏ったものや個人の見解に基づく偏見や（調査に基づく証拠に反するような）論証。

本章のまとめ

　第1章では，論証を理解し説明できる必要性も含めて，批判的思考を適切に行うために向上させるべきスキルや性質について検討した。本章では，論証が客観的で妥当な前提に基づいているか否かを基準として論証を解読する方法について見てきた。

　すぐれた批判的思考者であるためには，どの情報源が信頼できるかを区別しながら判断すること，また，特定の問題に対するあなたの知識や理解を深めるためにその情報源を利用することが必要である。このスキルは，他者の論証が妥当かつ信頼できる情報に基づいているかを判断する助けにもなる。近年，このスキルは情報リテラシーとして知るようになってきた。情報リテラシーという用語は単なる識別力や判断力以上のものを意味しており，信頼できる情報のソースを見つけそれを使いこなす能力もこれに含まれている。

以前は情報リテラシーは批判的思考とは明確には結びつけられてこなかった
が，情報リテラシーの高い人が使うスキルの多くはすぐれた批判的思考者た
りうるためのスキルである。次の章では情報リテラシーについて検討しなが
ら，情報リテラシーと批判的思考に必要なスキルの類似点・相違点について
取り上げよう。

~~~~~ 引用・参考文献 ~~~~~

Cottrell, S.(2011). *Critical Thinking Skills*. Basingstoke: Palgrave MacMillan.

Donaldson, M.(1984). *Children's Minds*. London: Fontana.

Lapakko, D.(2009). *Argumentation: Critical Thinking in Action*(2nd ed). Bloomington, IN: iUniverse.

Norgaard, R.(1997). *Ideas in Action: A guide to critical thinking and writing*. New York: Longman Press.

Piaget, J.(1972). *The Child's Conception of the World*. Towota, NJ: Littlefield Adams.（大伴　茂（訳）(1960).
　　児童の世界観　同文書院）

~~~~~ ウェブサイト ~~~~~

http://io9.com/5888322/critical-thinking-explained-in-six-kid+friendly-animations(accessed 7 January 2013)：
　　論理や論証，また批判的思考に関する簡潔でわかりやすいビデオがあるウェブサイト。どの年齢
　　の児童・生徒・学生にも適している。

http://oxforddictionaries.com/definition/english/subjective: 無料のオンライン辞書

第 3 章

情報（デジタル）リテラシー

　21世紀が到来し，知識が新たに創り出される速度は急増した。これはおもにインターネットが急激に発展し，より速くさまざまな物事とつながり，より幅広い情報にアクセスすることが可能となったことに起因している。誰もが自分の意見を言うための機会や，何らかの分野における専門家としてふるまう機会を有している。インターネットという「知識」の貯蔵庫は，注意深く考え振り返ることを通して，私たちの世界をより良く理解するために役立つ情報にアクセスできるよう設計されている。

◀ ◀ ◀ ◀ **本章の目標** ▶ ▶ ▶ ▶
この章では，次のことを理解する。

□ 情報リテラシーの意味および批判的思考との関係。
□ 学習や研究に関連する情報や資料の管理の仕方。

Ⅰ．情報リテラシー：定義および批判的思考との関係

　英国図書館情報専門家協会（The Chartered Institute of Library and Information Professionals：CILIP）は情報リテラシーを「いつ，なぜ自分が情報を必要とするのか，どこでその情報を手に入れられるのか，手に入れた情報をどのように評価し，倫理的な方法で使用・伝達するのかを知っていること」と定義している（www.cilip.org.uk/get-involved/advocacy/information-literacy/Pages/definition.aspx）。

　さらに，英国情報システム合同委員会（Joint Information Systems Committee：JISC）は「ⅰスキル」を，「繰り返し情報を吟味し考察しながら，同定・査定（assess）・検索・評価・適用・組織化・伝達する能力」と定義している（https://www.academia.edu/2808575/JISC_i-skills_Exemplification）。

　しかしながら，おそらくもっとも包括的な定義は，上記2つの定義を取り入れた研究情報ネットワーク（Research Information Network：RIN）による次のものである。

> 「情報リテラシーとは，（ⅰ）研究データを構成するには「情報」を得る必要があることを認識すること，（ⅱ）得た情報やデータを管理したり，適切な場所に保存し，整理（curate）する能力も明確に含むことという幅広い解釈を採用することが重要である。」
> （http://www.rin.ac.uk/our-work/researcher-development-and-skills/information-handling-training-researchers/information-lit）

　表3.1は，ファシオネ（Facione, 1998）によって批判的思考に不可欠なものと定義された情報リテラシーの図表に，情報の「探索」，「管理」，「組織化」スキルも加えたものである。デジタル時代において，これらのスキルは，批判的思考に関わる他のスキルを実践し発展させるためには欠かせないと論じたい。最初の段階で関連する情報を見つけることができなかったなら，その妥当性や信頼性を評価することも不可能である。

第 3 章　情報（デジタル）リテラシー

表 3.1　批判的思考に必要なスキルと情報リテラシーに必要なスキルとの比較

ス キ ル	批判的思考スキル （Facione）	情報リテラシー （CILIP）	情報リテラシー （JISC）	情報リテラシー （RIN）
解　　釈	✓	✓（情報の使い方）	✓（適用）	✓
分　　析	✓	✓（情報が必要な時と 　理由を知ること）	✓（査定）	✓
評　　価	✓	✓	✓	✓
推　　論	✓			✓（自身のデータと 　の関連で非明示 　的に）
説　　明	✓	✓（情報の伝え方）	✓（伝達）	✓
メタ認知	✓	✓	✓（再検討や 　省察の反復）	✓
探　　索		✓（情報を見つける 　場所）	✓（同定）	✓
管　　理			✓（検索）	✓（特に自身の 　データ）
組 織 化			✓	✓（自身のデータの 　保存と整理）

　これら 3 つのスキルを確認しながら，各スキルが何を意味するのかや，実際にどのように向上させたらよいのかについて見ていこう。

2．情報を探す

　図書館や学習リソースセンター（Learning Resource Centre：LRC）の中心的役割の 1 つは，効果的かつ効率的に情報を検索する方法を学ぶための専門的知識を提供することである。私たちが最近行った研究では，学生は依然として自分の学習のために本や雑誌に頼る傾向があるため，蔵書目録システムの使い方を学ぶことはなお重要であるということが示されている（Clarke et al., 2013）。しかし，現在では多くの雑誌や本が電子的に入手できるため，

ウェブ経由で情報を探索する方法を知ることもまた重要である。

(1) ウェブページを探す

多くの学生は認めないものの,学生は多くの場合 Google, Safari, Chrome, Internet Explorer や Operaといったオンライン検索エンジンを使って情報を探し始める。これらの検索エンジンはウェブページを検索することができるが,検索される情報の関連性は検索に使われた用語に依存する。すなわち,あなたが探しているものを特徴づける単語や複数の単語群に依存する。

練習問題

エイズの疫学に関する現在の研究の知見を批判的に分析するレポートを書いてみよう。

- □ この情報源をGoogleで検索するために使用する検索語やキーワードを考えてみよう。
- □ あなたは何件,情報源がヒットしたか,上位10件はテーマとどのくらい関連性をもっていると考えるか。
- □ 今度はGoogle Scholarを使用して同じ検索を試してみよう。ヒット数と結果の関連性と質は変わっただろうか？
- □ いくつかの他のキーワードを試して,Google と Google Scholar の検索結果の違いを調べよう。

第3章　情報（デジタル）リテラシー

以上の練習問題をすることで，より適切な検索エンジンを使うことにより探索結果を改善できることがわかるだろう。

多くの学問領域はそれぞれのデータベースがあるが，その内容はGoogleやGoogle Scholar等のエンジンで検索可能な場合とそうでない場合がある。データベースは登録された学術出版物（例：査読付き研究雑誌，教育関係出版物）からの情報のみを対象とするため，検索する人にとって出版物の質や関連性を評価するのに良い出発点となる。しかし，専門家でさえ間違えることがあり，出版されているという理由だけでそれを鵜呑みにしてはいけないということを覚えておかなければならない。

大学図書館には，アクセスした電子情報源のリストが必要である。これにはオンラインジャーナルや本だけでなくさまざまなデータベースが含まれる。ほとんどのデータベースは検索エンジンと同じように動作する。たとえば，キーワードを用いて情報源を探すというように。キーワードやフレーズを工夫すれば，あなたの特定のリサーチクエスチョンにより焦点を当てた検索が可能となる。検索は一度で完了しないかもしれないので（特に学位論文のように大きな課題の場合），いつどこで検索したか，検索に使った用語（キーワード），検索の結果ヒットした数を記録しておくことはきわめて重要である。たとえば，FIFAワールドカップ（以下W杯）に興味があるとしよう。W杯の優勝チームについて検索しようとすると，その結果は検索時にどのW杯が開催されていたかによって大きく異なるだろう。実際，W杯期間中でも，検索の結果，最初に表示される情報は日々変わる。

3．情報の管理と整理

検索していることを詳細に記録することは，探している情報を管理したり，整理するプロセスの一部である。検索が終わると，そこからさらに調べたい文献のリストが得られる。まず，あなたは各文献が自分のリサーチクエ

スチョンや調査している題材に関連しているかどうか判断したいと思うだろう。そこで，データの収集方法の妥当性や，データの解釈や結論の導き方の妥当性を評価する必要がある。最後に，自分の既有知識と統合する新しい関連情報を特定することで，あなたのリサーチクエスチョンに関する自分自身の解釈や結論を導き出すことができる。ここでの課題は，複数の関連する記事を見つけた場合に，最終的な結論を導く前にそれらすべてを評価しなければならないことである。これらの関連記事の中には矛盾しているものもあるかもしれない。その場合，自分が受け入れている視点はどれなのかあなたの推論を明確にしなければならない。これは，自分の議論を明確にするときには，同じ記事を再検討する必要があるかもしれないということを意味する。これを効率的に行うために，見つけた情報を管理し整理する必要があるのである。個別のカードにまとめたり，Excelデータベースに記録するといったシンプルな方法もあるが，これ以上のことを可能にする多くのコンピュータプログラムが存在する。EndnoteやReference Managerはこの一例である。大学の図書館等に行けば，これらのいずれかを利用することができるかもしれない。他にも，Zoteroのようにウェブからダウンロードできる無料のものもある。これらのプログラムはすべて共通した特徴をもっている。すなわち，文献のタイトルや著者，出版に関するデータ（例：雑誌名，巻，ページ，年），キーワード，（ネット上の情報であれば）URLといった重要な情報を記録することである。

　それらのプログラムには，これらの詳細を含む記事の要約を含めるオプションと，記事のコピー（利用可能な場合）をデータベースのエントリに追加するオプションをもっているものもある。これらの中でもっとも重要なものは，検索をするときに，自動的に情報を文献管理ソフトにダウンロードする機能だろう。この機能があれば，手動で入力する必要がない。メモを追加することもできる。これにより，自分の問いに関する重要な部分をメモした文献を見直したり，検索に使用した用語やどの検索エンジンを使ったか，いつ

その情報にアクセスしたかを記録することができる。この機能は非常に重要である。他のすべてのものと同様に,ウェブページも変化し,今日そこにあるものがかならずしも明日もあるとは限らないからである。これらのプログラムを利用する喜ばしい点は,その多くがWordとリンクしていることである。これにより,レポートを書いているときに,自動的に文献を挿入し,参考文献にまとめることができる。あなたの大学の図書館や学習リソースセンターは,より評価の高い文献管理ソフトの利用方法を学ぶ機会を提供しているかもしれない。これらのソフトウェアの多くは,現在ではモバイル通信端末で利用するためのアプリケーションとともに提供されているため,共同利用が可能となり,グループワークを容易にしている。

練習問題

文献管理ソフトを1つ選び,ウェブ検索をした後,検索結果をソフトに読み込んでみよう。次に,検索した文献にメモをつけてみよう。すべての新しいプログラムと同じように,基本的な機能は直感的に使うことができるが,全体の機能を知るには詳しく調べる必要がある。

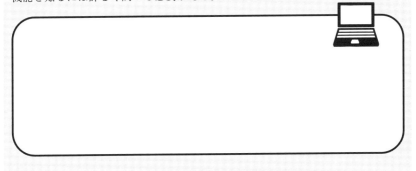

文献管理ソフトの使い方に慣れたら,適切な文書作成ソフトを用いて,データベースから自動的に文献を文書に挿入することができるだろう。データベースは参考文献リストを管理しているので,あなたが文書を編集して,あ

る引用文献への参照を削除すると，文書の末尾の参考文献リストからそれを自動的に削除できる。

練習問題

Wordの文章に引用文献をいくつか挿入してみよう（練習のためなのでどの文献でもよい）。参考文献一覧を確認したら，その引用箇所に戻り，挿入した引用文献を1つか2つ削除してみよう。再度参考文献一覧に戻り，それらが一覧から消えているか確認しよう。

［訳者注：Word2016では，「参考資料」タブにある「引用文献の挿入」をクリックして，「新しい資料文献の追加」をクリックして，「資料文献の作成」ボックスに入力する］

4．剽窃と著作権

見つけた情報をどのように管理し整理するかについて論じた。これは非常に重要なことである。どこかで読んだことがあると知っていれば，同じ努力を繰り返すことはない。しかし，その詳細を記録していなければ，もう一度調べなければならない。情報の管理や整理は別の理由からも重要である。ウェブなどで見つけた論文から逐語的な引用や図を使用する場合，それらが誰のものであるのか，つまり，著者を明記することが非常に重要である。そうしなければ，自身のものであるふりをしているとみなされ，著作権を侵害す

るだけでなく，剽窃を犯していることになる。これは学術的な不正行為と考えられ罰せられる（罰則は機関によって異なるが，非常に厳しいこともある）。学生は，経験的な知識として受け入れられているとみなされているものをどのように言い換える（パラフレーズする）かというジレンマにしばしば直面する。シンプルな解決法は，言い換えるのではなく，とても重要で特徴的な部分は，引用して出典をつけることである。これは学問の世界で認められている方法である。

練習問題

　以下は，訓練や教育介入が実践に影響を及ぼすかどうかを調べた報告の1節である。この1節を自分の文章に書き直してみよう。守るべき重要な点は，文章が自分のものであり剽窃をしていないということである。

> 　印刷された教材が医療従事者の行動の変化に及ぼす有効性について検討した複数の研究をレヴューした結果は，印刷された教材は実践にわずかな影響しか与えないと結論づけた（Freemantle et al., 1996）。これらの研究はすべて，実践に変化をもたらすためには実践の適切な文脈における相互作用的な教育経験の必要性を強調している。実際，医療従事者の行動を変える介入研究を系統的に検討した論文のまとめによれば，多面的な介入がより成功しやすいと結論づけられている（Grimshaw et al., 2001）。

Freemantle, N., Harvey, E. L., Wolf, F., Grimshaw, J. M., Grilli, R., & Bero, L. A. (1996) Printed educational materials to improve the behaviour of health care professionals and patient outcome (Cochrane Review). In: The Cochrane Library, Issue 3, Oxford: Update Software.

Grimshaw, J. M., Shirran, L., Thomas, R., Mowatt, G., Fraser, C., Bero, L., et al. (2001). Changing Provider Behavior: An Overview of Systematic Reviews of Interventions. *Medical Care*, 39(8), II-2-II-45

　言葉の順序を単に入れ替えるだけでは剽窃の問責を免れ得ないということを，正しく認識することが非常に大切である。批判的思考者は，筆者の発しているメッセージを理解し，その事柄に関する自分の既有知識や経験に照らし合わせて，自身の解釈を組み立てることができてしかるべきだ。もし本当に自分の言葉を使えないのであれば，かならず，筆者の言葉をそのまま繰り返し，それを引用符で囲み，適切な出典を明記する。

　また，インターネットからダウンロードできるからといって，あなたがそれを自身の著作物にコピーして使ってよいというわけではない。少なくとも出典（著者名，ダウンロードやアクセスした日付，それを手に入れたウェブサイト）は明記しなければならないが，その使用が著作権によって制限されていないかも確認しなければならない。この情報はサイトから入手できる。多くのサイトには，情報やリソースをどのように使用してよいかについて述べた規定が示されているだろう。

本章のまとめ

　すぐれた批判的思考者としてのスキルを向上させるためには練習を積むことが重要である。これにはさまざまな方法があるが，情報源を明らかにした

りその情報の信頼性や妥当性を見分ける練習を重ねることがきわめて重要である。利用できる情報が多いということは，それらを管理・整理する方法を知ることや，剽窃にならないように倫理的な方法で使用することが非常に重要であるということを意味している。これらは情報リテラシーの主要な要素である。

　情報リテラシーの定義の1つには，自分自身のデータや他者のデータを管理し整理することも含まれる。議論や結論はたいてい「証拠」に基づいているため，データを分析して解釈をし，（自分のデータであれば）妥当な結論をそこから導くことや，著者の結論が妥当であるかどうか判断することが重要である。次の章では，この点について考察する。

―――― 引用・参考文献 ――――

Clarke, C., Eales-Reynolds, L-J., Gillham, D., & Grech, C. (2013). Online resource identification and use: are there disciplinary differences across students in higher education? ALT-J (Submitted)

Facione, P. A. (1998). *Critical Thinking: What it is and why it counts.* Millbrae, CA: California Academic Press.

―――― ウェブサイト ――――

www.apa.org/about/offices/directorates/pubs.aspx (accessed 18 December 2012)：米国心理学会（American Psychological Associasion: APA）が提供する電子データベースに関する詳細情報

https://www.cilip.org.uk/page/information Literacydefinition?&hhsearchterms=%22information+and+literacy%22 (accessed 18 February 2013).

eric.ed.gov (accessed 18 December 2012)：Education Resource Information Center（ERIC）は，米国教育科学研究所（The Institute of Education Sciences）による教育に関する研究と情報を提供する電子データベース

www.informationliteracy.org.uk (accessed 18 December 2012).

www.jisc.ac.uk/uploaded_documents/JISC-SISS-Investing-v1-09.pdf (accessed 18 December 2012).

第 4 章

データの分析と結果の解釈

　私たちは毎日調べ物をしている。新しいテレビの最安値を探すにしても，授業で出てきた議論を支えるためにもっとも良い情報を調べるにしても。これまでで見てきたような批判的思考スキルの多くは，あなたが調査をする際にきわめて重要なものである。将来の仕事において，自分の専門業務に関する調査を行う必要が出てくるだろう。その際，新しいデータを収集したり，他の人が決定をあなたに知らせるため，あるいはあなたが変更にあたって説得的な議論をするために集めた情報を分析したりすることがあるだろう。本章では，データの収集とデータの分析，またこれらがあなたの専門家としての実践にどのように役立つかを見ていく。

◀ ◀ ◀ ◀ 本章の目標 ▶ ▶ ▶ ▶
この章では，次のことを理解する。

研究や仕事で扱う異なる種類のデータについて，
☐ このようなデータをどのように信頼性，再現性のある方法で収集するか。
☐ 収集したデータをどのように解釈し使用するか。

Ⅰ．異なる種類のデータ情報とその分析

　収集，照合，分析されるデータは基本的に，２種類に分けることができる。すなわち量的なデータと質的なデータである。

（1）量的データ

　量的なデータの特徴は，量的尺度で測ることができるという点である。たとえば高さ，重さ，長さ，深さ，数，速さなどである。特定の尺度による測定と，要約・記述・分析される数（または比率）からデータを得る研究手法は量的だとみなされる。量的データの特徴は，図表を描いたり，平均，中央値，標準偏差，範囲といった母集団に基づく統計を検討することによって表示されたり，探索したりする点である。平均値の比較や相関関係の検討，重回帰分析［訳者注：目的とする変数を説明する変数で予測する分析］や分散分析［訳者注：複数の要因の効果を明らかにする分析］のような他の統計学的な検定などのさらなる分析をすることによって，データセット同士のパターンや関連性を明らかにすることができる。先端的なモデリングの手法が，もともとの問いに対する結論にそのデータが何を示唆するのかについて洗練された説明をするために，用いられることもある。結論は，もとの問いや問題との関連の中でデータをどのように解釈したのかということを伝える。

　量的データから導くことのできる結論の限界を理解するために，以下の例を考えてみよう。

実践例

　新しい肥料は，既存の肥料に比べてマメ科植物の生長を早め，より大きい実をつくりだすことができると思われる。よって，あなたのリサーチクエスチョンは次のようなものになる。

> 新しい肥料は，一般的な肥料に比べて生育速度と豆の収穫高を高めるの

第4章　データの分析と結果の解釈

だろうか。

　この問いを検討するために，あなたは2つの敷地に豆を植え，片方に新しい肥料（A）を与え，もう片方に既存の肥料（B）を与える。生育速度（栽培時間に対する苗の高さ）とある時点での作物の重さ（収穫高）を計測することによって，2つの肥料の効果を比較することができる。

　ただし，生育速度と収穫高に影響を与える（与えた光や水の量，周囲の気温といった）他の要因（変数）を2つのサンプルで同様にしておくことはきわめて重要である。

　量的方法においては，2つのサンプルの間に違いはないとする仮定が常に伴う（すなわち，このような場合において，帰無仮説［訳者注：データによって，否定するために立てる仮説］は次のようなものになる）。

　　生育速度と豆の収穫高について，検証している2つの肥料に違いはない。

　2つのサンプルを測定した後，各サンプルについて生育速度と収穫高の平均を算出し，統計的検定法（この場合では，t検定が適しているだろう）を用いてこれらを比較する。次に，結果がまったくの偶然であったという可能性を決定する確率の分布表の中のt値を確認する。たとえば，t検定で95%の確率が出たら，帰無仮説が正しいことはほとんど確からしいといえる。すなわち，2つの肥料には違いはないということになる。しかし，帰無仮説が正しい確率が5%であれば，帰無仮説が間違っていることがほとんど確からしく，2つの肥料には実際に違いがあったということになる。

　統計的分析によって，2つの肥料に差があることの確からしさが高まる。これが統計的な分析の方法である。しかしながら，差があることを証明するものではないし，この確からしさは，あなたの実験の中で起きたまさにその環境下で，特定のマメ科植物に使った2種類の肥料に関するもののみである。

45

科学者は実験において変数をコントロールできるために，しばしば統計的有意性に限界があることや，結果はその環境状況にだけ依拠することを忘れる。教育においては，学生の学びに影響する変数をコントロールすることはより難しい。量的アプローチが使われるとしても，特定のタイプの研究に限定される。

　基本的な分析はExcelでできるものの，より複雑な分析にはSPSSなどのコンピュータ・ソフトウェアプログラムを使用する必要があるだろう。大学の情報センター等のスタッフはこれらのソフトウェアについての情報や，大学で利用可能なものについての情報を提供してくれるだろう。

(2) パラメトリック vs. ノンパラメトリック分析

　量的なデータは通常特定の母集団をもっている。ある測定を行うと，結果は「正規分布」になることが予測される。たとえば，データの分布は0から10までで，平均値が5となり，その上下には同じ数のデータがある。データが正規分布にしたがっていれば（図4.1a），パラメトリックデータとみなされる。しかし，図4.1bのようにデータが平均よりも左もしくは右に歪むこともあり，その場合，データはノンパラメトリックである。ノンパラメトリックデータは，パラメトリックデータとは異なる統計的検定を用いて分析する必要がある。量的分析には，数式に基づく多数の異なる検定があり，これにより，観測されたデータと予測した結果の間に違いがあるのかや，特定の（測定可能な）変数によって2つの母集団の間に違いがあるのかを判断できる。

　本書は，おもに教育学的な研究を行う人を対象にしているため，統計的分析を詳しく扱うことはできない。個人が関わるすべての潜在的変数［訳者注：直接測定できない変数，能力，性格など］を特定することは非常に困難であるため，教育研究において量的分析が適切であると考えられることはきわめて少ない。しかしながら，統計的分析の妥当性を評価することが重視される状況

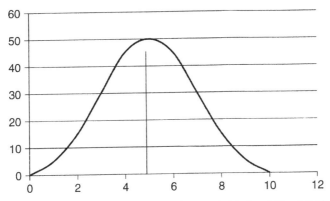

図 4.1a　正規分布曲線（パラメトリック分布［ノンパラメトリックデータのプロット］）

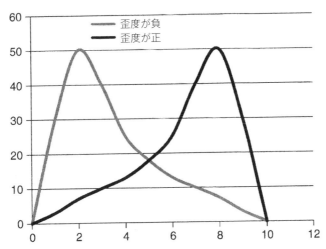

図 4.1b　ノンパラメトリック分布（ノンパラメトリックデータは平均からの歪みがある）

はあるため，統計的分析の基本を理解しておくことは重要である．本章の最後に，これらのスキルを伸ばすための参考文献を載せている［訳者注：巻末には日本語版推薦図書を載せている］．

(3) 質的データ

　近年，質的データを扱う方法と方法論がより洗練され，標準化されてきたため，質的データとその解釈に対する人々の信頼が高まっている。質的データ分析は，面接やフォーカスグループ，自由記述の質問紙，観察記録によって収集された大量の言葉を記述し要約するものである。

　質的データを解釈するには，通常，テーマを同定（もしくは適用）したり，テーマ間の関係性を検討することが必要である。また，それらを特定の行動や考え方と関連づけたり，対象者の自伝的特徴と関連づけたりすることもある。

　質的データの分析は，しばしば政策や実践に変化が生じたことを知らせることもある。先行研究の結果の解釈を難しくさせるような解釈が出されることも時にはあるかもしれない。

　最終的に，高度な分析を行うことによって理論は構築され，検証される。

　質的分析の手法は多岐にわたるものの，一般的な質的データ分析手法は以下の11のステップである。

　①必要に応じて繰り返し読んで，見て，聞くことによってデータに精通する。
　②音声や映像材料の形式に基づく書き起こしを得る（これらの作業は自身でも行うことができるかもしれないが，訓練を受けた人ははるかに手際よく，また理解が難しい部分の書き起こしの妨げになる個人的なバイアスを入れることが少ない）。
　③観察，印象，知覚したことをそのときの文脈を含めて正確に記録する。
　④簡単に検索，同定できるようにデータを整理し，索引をつける。
　⑤機密のデータは匿名化する。
　⑥データをコード（記号）化する（または索引をつける）。
　⑦テーマを明らかにする（これらはデータから導き出されるものでなくてはならない。通常，参加者が使った言葉やフレーズとなる）。

第4章　データの分析と結果の解釈

⑧暫定的にカテゴリーに分類する（一緒にまとめて自然なグループをつくる）。

⑨カテゴリー同士の関係性を検討する。

⑩テーマとカテゴリーを見直す。

⑪結論を導くために，理論を構築したり，データを解釈し，既存の知識と組み合わせる。

(4) テーマとカテゴリー

　上記のリストにおいて，データを整理し解釈するために，データをもとにテーマとカテゴリーを設けると述べた。これらのテーマは通常データそのものから発見されるが（テーマ分析），特定のリサーチクエスチョンのもと，あなたの理論を検証するには，事前に設定したテーマやカテゴリーを使う方が適切な場合もある。

練習問題

　以下は，「インターネットの情報が妥当で信用できることを知りたいときどうしますか。例をあげてください」という自由記述式の質問に対する学生の回答である。この質的データのサンプルから浮かび上がるテーマを考えてみよう。

・学術的な検索エンジン（他の大学のものではなく，自分の所属する大学のサイトの検索エンジン〔訳者注：Scoups, Web of Scienceなど〕を使うことが多い），授業で課題として出された文献リストを使うことが多い。

・専門的ウェブページ，URL（末尾が.orgかそうでないか），図書館のような信頼できる検索エンジンで調べる。Googleの学術雑誌のリンクから検索する。

・私は出版されている信用できるものしか使わない。

・高く評価される会社や出版物，多くの参考文献があげられているもの，あるいは査読がされているものであれば，通常はとても信頼できる。

・私は大学図書館にある，もしくは大学図書館を介して手に入る大学が認めたオンライン情報や本しか使わない。たとえばもし私がWikipediaを

使うとすれば，それは私のさらなる研究に対してちょっとした背景知識を探すのに役立つときだけだろう。
- もし私がオンラインの記事を使うとしたら，それが評判の良い情報源をもっており，Wikipediaのようなものでないことを確かめる。私の大学では，オンライン図書館があり，査読付きの正当な情報源をもつさまざまなウェブジャーナルや出版物をすべて使うことができる。
- URL の末尾次第だし，その URL が学術的資料を提供しているか，他の正当な情報源までさかのぼれるかによる。
- URL に .org や .edu がついていたらたいていは確かだ。何か疑問に思ったら，私は同じことを述べている情報源を他に 1 つか 2 つ探す。他には，大学がアカウントをもっているオンラインジャーナルなどを見たり，教授が推奨した他のウェブサイトを見る。
- Google Scholar で検索した学術的に信頼されているウェブサイト。
- 通常，先生が使ってよいウェブサイトと，使ってはいけない特定のウェブサイトの一覧をくれる。心配になったときは，著者と出典が正当であるか確かめる。
- JSTOR（Journal Storage）といった学術データベースの文献やCNNといったウェブニュースの記事かどうか。

重要なテーマを見つけて，カテゴリーごとにグループ分けしよう。

第4章 データの分析と結果の解釈

この演習を通じて，何百語あるいは何千語であっても，グループ化して少ないカテゴリーにする少数の言葉やフレーズにまとめると，あなたが実施した調査の要点を解釈するうえで役立つということを理解できる。このような分析をする際，書き起こしたものを繰り返し読み返したり，文書にマーカーで印をつけたりする。また，このような方法を自動化するうえで役に立つマインドマップソフトウェア（例は本章参考文献参照）や質的データ分析用のソフトウェア（例：NVivo，MAXQDA）などのツールも数多く存在する。しかしながら，何度も何度も読み返しながら自身で生データに非常に深く精通することに代わるものはない。

データ収集において最大の課題の1つは，採用した手法が意義のあるものであり，妥当で，個人的な価値観，視点，意見によってバイアスがかかっていないものにすることである。

(b) 質的研究の方法論

多くの研究者と学生が「方法（method）」と「方法論（methodology）」という用語の区別に苦心している。

「方法」とはデータを収集する手順やプロセスのことである。質的研究においては，特に面接，観察，質問紙の開発と実施のプロセスがこれに含まれる。一方，「方法論」とは，プロセスの集合のことであり，たいていの場合データが収集され解釈される枠組みを提供する理論的な概念によって裏づけされたものである。質的研究における方法論の具体例として，現象学とエスノグラフィ（民族誌学）がある。現象学とエスノグラフィは，アクションリサーチと併せて，教育学専攻の学生が用いる可能性がもっとも高い方法論であり，混合アプローチをとる場合もある。混合アプローチによって，データは質的方法と量的方法の両方によって得られる。次に，それぞれの方法論とデータ収集に共通する方法について見てみよう。もちろん，批判的思考の本でこれらの方法論について十分で完全な評価を示すことは不可能であるが，読書案

51

内での紹介もあるので少しばかり見ていこう。

(6) 現象学

　現象学は，人が周囲の世界の諸相とそこで起こる現象をどのように経験し，概念化し，認識し，理解しているのか，その質的に異なる方法をマッピングするために用いられる方法論である（Marton, 1986, p.31）。つまり，学生が自身の学習経験についてどのように知覚しているのかを理解したいとき，その研究の方法論は現象学的なものになるだろう。データを収集するには，学生の文章やエッセイを研究したり，学生を対象としたフォーカスグループや面接の記録を研究したりといった方法が用いられる。データを収集するには数多くの異なる方法があるが，いずれも研究対象の経験，知覚，概念に焦点を合わせる必要がある。通常そのようなデータは質的であるが，対象者に自らの経験を（たとえば1から10の段階で）評定してもらう質問紙法を用いることで，量的データを得ることができる。しかし，経験や認識に基づく質的データを量的尺度に変換する方法には，回答者が意味のある評価を割り当てるのに苦労するであろうという問題点がある。現象学において，研究者は集団の一員ではなく外部の観察者である。これはエスノグラフィの研究者の立場とまったく異なるものである。

(7) エスノグラフィ

　エスノグラフィは特定の人間社会や集団の記述的研究と定義されており，たいていの場合，研究者（民族誌学者）が調査対象の人々の中で一定の間，共同体の一員となりながらもある程度客観的な距離を保つことに努めるフィールドワークから成る。民族誌学者は，通常，あるコンテクストの中での生活や行動についての特定の情報を提供できる参加者と親密な関係を構築する。スプラッドリー（Spradley, 1979）によると，「エスノグラフィは文化を記述することである」（p.3）。彼は，エスノグラフィは，「ほかの人々が自身の経

験をどのように捉えているかを理解する」のに役立つものであると述べており（p.iv），エスノグラフィは「人々を研究するというよりもむしろ人々から学ぶことを意味するものである」と強調している（p.3）。

詳細なメモがエスノグラフィの頼みの綱であるが，研究者たちはテープレコーダーやカメラ，ビデオレコーダーも用いるだろう。図4.2はエスノグラフィの研究プロセスのサイクルを示したものである。

エスノグラフィの研究は，教育を含む多くの分野に対しさまざまな示唆をもつ。教育評価の専門家や教員教育に従事する人たちは，教員のニーズや経験，視点，目的を理解する際にこのアプローチを用いることがある。そのような情報は，教員たちにとって有益でやりがいのあるプログラムを設計することを可能にし，最終的には，生徒や学生の学びを改善することにつながる。

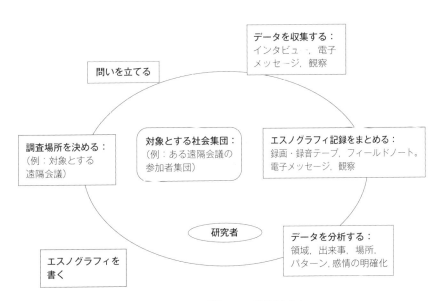

図4.2　エスノグラフィの研究サイクル

(8) アクションリサーチ

アクションリサーチとは，絶え間ない変化プロセスにおいて，介入がどの程度影響を及ぼすかを理解するための方法論的アプローチである。これにより，研究者と参加者は研究の中で彼らの——あるときは流動的に変化する——役割を作り上げることができる。変化が進行するプロセスだとするならば，アクションリサーチは研究と評価の反復サイクルを伴う。アクションリサーチの結果が出版された時点とは，変化が研究上の問いにどのように影響を与えたのかを現時点でのスナップショットとして示しているのであって，変化の終わりを意味するものではない。このように，アクションリサーチは複雑で多面的なものである。ソメック（Somekh, 2006）は，8つの方法論的原則に基づきアクションリサーチを定義している。

> アクションリサーチは，個別のステップとしてではなく，全体としての一連の柔軟なサイクルにおける研究と行動を統合するものである。すなわち，調査のトピックについてデータを収集し，分析し，解釈する。良い変化をもたらすため行動方略を練り，導入する。そして，さらなるデータ収集，分析，解釈によって，この変化を評価していく……といったものである。(Somekh, 2016, p.6)

データ収集に用いる方法は，質的，量的，もしくはどちらともということもありうるだろう。現象学やエスノグラフィの場合と異なるのは，研究者は外部観察者でもグループのメンバーでもなく，研究者の役割は調査対象の変化の性質によって研究の途中で変化しうるという点である。

(9) 質的研究の方法

それでは，質的研究で用いられるいくつかの方法と，確実バイアスのかかっていないデータ収集と分析ができるようにするための基本的なルールを簡単に見ていこう。

①面接調査

　面接調査は，焦点となるトピックに関する個人の認識，概念，経験について情報を集めるための方法である。習得が難しい技術であるうえ，質問を入念に設計することや，良い傾聴スキルを必要とする。

　面接調査には，あらかじめ決められた問題についての情報を確実に得るために，すべての質問がまえもって策定された構造化面接と半構造化面接や非構造化面接がある。半構造化面接と非構造化面接をすると，研究者のバイアスが質問の回答に与える可能性は低くなるが，研究者が特に知りたい情報を協力者が自発的には話さないかもしれないという危険がある。しかし，逆にこうしたやり方は，研究上の問いに関して協力者が何をもっとも重要だと考えているのか話すことを可能にする。ここまでは個人に対する面接調査について説明していたが，小集団（フォーカスグループと呼ばれる8人未満のグループ）についても，構造化面接，半構造化面接，非構造化面接をすることができる。ただし，小集団を対象とした面接で注意しなければならないのは，参加者全員が発言できるようにすることや，ある参加者が他の参加者を威圧しないようにすることである。

　面接側として気をつけるべきことは，良い聞き手となり，参加者を邪魔しないことである。参加者が気兼ねなく自分の気持ちを語れるようにし，そのためには，面接者が参加者を支配するような立場（成績をつける教師）をできる限りとらないようにするべきである。

　話の流れを妨げたくないという理由で面接中にメモをとりたくはないと思うかもしれないが，データの質はきわめて重要なので，面接中のやりとりを音声あるいは音声と映像の両方で，電子的に記録することが重要である。

　構造化面接や半構造化面接での質問を作成する際には，研究者側の望む回答を参加者に強いることのないような質問にすることが重要である。たとえば，あなたが授業で新しい教授法（ここではロールプレイ）を取り入れてみた場合に，それがどれだけ生徒が授業に積極的に参加するのに役立ったかに

ついての生徒の反応を聞きたいとき，次のように質問するかもしれない。

　　授業にロールプレイを取り入れたことで，あなたは授業により積極的に
　参加するようになりましたか。

　この質問の場合，あなたがロールプレイを取り入れることで何を達成した
いと思っていたか，すなわち，授業への積極的参加を促したいと思っていた
ことを生徒に明示的に伝えている。ここで今聞きたいことは「生徒がどう思
っているか」ということであるから，質問を以下のように変えてみる。

　　ロールプレイに関してあなたはどう思いましたか。その理由も教えてください。

　生徒の反応に対してさらに質問をすることによって，詳細を見いだすこと
もできるだろう。
　ここまで，おもに対面式の面接調査について考えてきた。対面の面接調査
では回答者のボディーランゲージなど目に見える部分での発見もある。一方
で，面接調査は，電話や，インスタントメッセンジャー，同期型の電子掲示
板，スカイプなどのより新しいメディアを用いて行われることもある。
　どのメディアを使用するかは，参加者（どのメディアに慣れているか），
地理的・時間的・装置的制約などの種々の条件による。

②質問紙調査

　質問紙調査は，特定のテーマに関する複数の人々の意見を聞き出すときに
使われる。調査データを得るために用いられるのが質問紙である。質問紙の
設計においてきわめて重要なことは，調査者の視点が回答者の反応にバイア
スをかけたり，影響を及ぼさないようにすることである。質問紙調査の基本
的な流れは以下のとおりである。

　　①リサーチクエスチョンを明確にする。
　　②調査したい母集団とサンプルサイズを決める。

③データ収集の方法（オンライン，郵便，電話など）を決める。

④質問紙を設計し，日程を決める。

⑤少人数を対象に質問紙調査を試験的に実施する。

⑥実際に調査したい人々に対し質問紙を配付し，日程にしたがいリマインダーを送る。

⑦データを収集し，分析する。

具体例として，次の問いについて考えてみよう。

クリスマスセールによって，顧客の買い物の習慣は変わるだろうか。

調査対象となる母集団は，クリスマスセールのときに買い物をする人々であり，その時期に質問紙調査を依頼できる人々ということになる。

調査方法としては，スーパーやショッピングセンターの買い物客に声をかけ，質問紙に回答してもらうよう依頼するということになるかもしれない。

ここでコツのいる部分について述べよう。どのような質問をするのか。データを収集し分析することになったとき，質問紙調査に回答した個人個人を覚えていないだろうから，購買習慣だけでなく，回答者自身についても必要な情報を回答から得られるようにする必要がある。次のような直接的な質問もできるだろう。

クリスマスセールによって，あなたの買い物の習慣は変わりますか。

この質問をすれば，回答者はあなたが何を知りたいのかよくわかるだろうし，「はい」か「いいえ」と答えるだけでよい。しかし，これだけでは決して多くのことはわからない。

練習問題

　上記のような例を用いて，回答者にあなたの意図を読み取られないようにあなたのリサーチクエスチョンに対応する質問を考えてみよう。回答者自身や購

買習慣について知るためには，他にどのような情報が必要だろうか。また，それを知るためにはどのような質問を付け加えればよいだろうか。あなたが何を回答者に求めているかを読み取られないように，また質問紙調査においては，多肢選択式，複数回答，順位づけ回答，自由記述などいろいろな回答形式があることを頭において，質問を設計してみよう。

　質問紙調査によって取られたデータは数値あるいは量的データにされることもしばしばあるが，この方法が結果に及ぼしうる影響を考慮しておくことは重要である。たとえば，リッカート尺度（通常1から5までの数字を用いて個人の好みや経験を評定するもの。1は最低，5が最高を意味する）を用いる場合，映画の個人的な評価やサービスへの満足度を数値化することが可能になる。しかしながら，個人の認知を数値化するという方法は，どのように彼らが（自身のそれまでの経験の影響を受けて）物事を解釈するかといったことやどれほど評定を高めに（あるいは低めに）つける傾向があるかということの影響を受けることに注意する必要がある。英国の大学制度である学外試験委員が，学生の学位論文の成績をつけるときに評価尺度全体を使わない教員にクレームをつけることはめずらしくない。たとえば，もし40％が不合格の基準で，70％が優等学位（First Class Honors）の基準だとすれば，成績をつけるときに数値は0％から100％まであるのにもかかわらず25％から85％までの数字しか使わないといったことである。このことはリッカート尺

度を用いた質問紙調査への回答についても当てはまることである。最大値を選択することは，評価対象がパーフェクト（達成し維持することが明らかに困難な基準）であることを意味することもしばしばあるが，ここで，リッカート尺度を百分率に置き換えてみるとそれぞれの数字は次のようになる。

$$1 = 0 \sim 20\%$$
$$2 = 21 \sim 40\%$$
$$3 = 41 \sim 60\%$$
$$4 = 61 \sim 80\%$$
$$5 = 81 \sim 100\%$$

　こうしてみると，リッカート尺度における5という値はいわゆるパーフェクトであることを意味しておらず，もっとも高い水準に該当する81％から100％の間という幅を示している。

　一般的には，人々の何かについての見解，認識，概念を問いたい場合は，それらを数量化しようとするよりも，自由回答形式のデータを収集したあとで，質的データ分析を行う方が好ましいといえる。

③テーマ分析

　音声データや視覚データ，テキストデータは一般的に質的データとみなされる。これらのデータを量的データに変換し，量的データと関連づけながら統計的な分析の対象にする方法が存在する。たとえば，2つの任意の母集団における特定の単語やフレーズの出現頻度に統計的な差があるかどうかを比較検討してもよい。しかし，これらのデータは，重要なコードやテーマ，そしてカテゴリーを導くデータ内の暗黙的および明示的なアイデアの両方を精査することで質的に分析することもできる。一緒に出現するコードを確認するという分析が行われることもある。たとえば，患者対応に対する医療従事者の認識を研究する場合，よくあるテーマとして「不足しているもの」，重要なコードとして「職員」「時間」「リソース」「リーダーシップ」がある。こ

れらは「不足しているもの」というテーマで，共起するコードである（Clarke, & Eales-Reynolds, 2013）。

　グラウンデッド・セオリーによると，ある研究から導かれた理論を検証するとき，その研究で用いられたコード，テーマ，カテゴリーが後続の研究の母集団から収集したデータに適応される。これはテーマ分析の1つの形式であるが，実際はもっと複雑で，もともとのリサーチクエスチョンにしたがって理論を生み出そうとする。

2．データの解釈

　収集したデータの解釈は，研究の仮説，理論，リサーチクエスチョンに基づいて行われるべきである。したがってデータを解釈するときは，次のことを考えていなければならない。

　　□データ解釈の方法は，理論的な焦点（例：質的研究か量的研究か）や研究にどのような方法論を使っているかによって大きく変わる。
　　□統計についての関連する情報を理解する。これについてはコンピュータ・ソフトウェアのマニュアル（例：SPSSのマニュアル）や方法論の解説書などを参照するとよい。
　　□データ分析の最後の段階では，データがもともとの研究の仮説，理論，研究課題を支持しうるものかどうか確かめるために結果を解釈する。

練習問題

　以下の会話は，教育実習中に起こったある出来事を記述したものである。この記録は証拠の一部であるため，教育実習に関する学生の調査データの一部として扱うことができる。

第4章　データの分析と結果の解釈

　その子どもはわあわあ言いながら教室に入り，腕組みしながらイスに
乱暴に座った。

実習生：何で怒られてるの？

子ども：べつに。何もしてないし。

実習生：あなたが何かしたはずよ。他のみんなは何もしてないって言って
　　　　るし。

子ども：何だよ。学校なんて嫌い。先生，１回話しただけじゃないか。
　　　　学校なんてなければいいのに。

実習生：でもほかに何するの？

子ども：知らない。

実習生：どうやって稼ぐの？一日中何するのかな？

子ども：プレステとかするし。

実習生：でも，学校がなかったらどうやってプレステは発明されたと思う？
　　　　どこで仕事して，お金稼いでゲームソフトと本体買う？

　子どもはもじもじして笑いはじめた。

子ども：知らないよ。学校なくてもそんなんあるんじゃない。

次のことを考えてみよう。

61

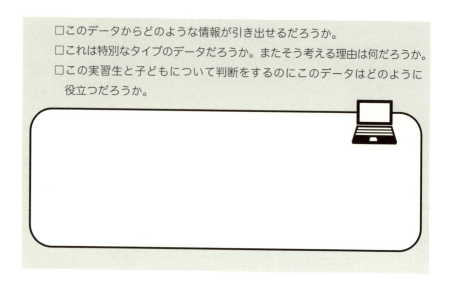
□ このデータからどのような情報が引き出せるだろうか。
□ これは特別なタイプのデータだろうか。またそう考える理由は何だろうか。
□ この実習生と子どもについて判断をするのにこのデータはどのように役立つだろうか。

3．倫理

　動物や人を扱う研究を計画する際には，研究の倫理性を検討しなければならない。動物や（入院患者や臨床試験に参加する人の）人体組織を取り扱う研究は，倫理的観点から，通常国際的なレベルで強い規制の対象となる。これと比べると，個人の認知や考え方のデータを収集する研究（特にアクションリサーチ研究）は倫理的な観点からそれほど規制されていない。倫理的検討をせずに，質問紙や調査を実施する機関もある。しかしながら，どのような形式のデータ収集においても基本的な倫理ガイドラインに沿っているかどうか確かめることは良い実践である。高等教育機関には，独自の倫理委員会とさまざまな研究を承認するための手続きが設けられている。多くの教育関係機関は，英国心理学会の研究倫理ガイドラインまたはその一部を使用している。もちろん，適切な組織による倫理的承認と同様に，参加者からもインフォームドコンセントを得る必要がある。インフォームドコンセントでは，参加者が研究の目的とデータの収集方法，データの使用範囲を読んだうえで

理解し，そのような方法でデータが取り扱われることに同意をすれば書類に署名する。インフォームドコンセントへの署名は，データ収集を始める前に行われるべきである。

本章のまとめ

この章では，量的データ（実証主義）と質的データ（解釈主義）の違いや，データ収集と解釈のための異なる方法について見てきた。また，方法と方法論の違いについても学んだ。最後に，人を対象とした研究データを収集し，取り扱う際に生じる倫理的問題にも触れた。

———— 引用・参考文献 ————

Charmaz, K. (2006). *Constructing Grounded Theory: A practical guide through qualitative analysis*. London: Sage Publications. (抱井尚子・末田清子(監訳)(2008). グラウンデッド・セオリーの構築：社会構成主義からの挑戦. ナカニシヤ出版)

Clarke, C., & Eales-Reynolds, L-J. (2015). Human factors paradigm and customer care perceptions. *International journal of health care quality assurance, 28*(3), 288-299.

Edwards, A., & Talbot, R. (1999). *The Hard-Pressed Researcher: A research handbook for the caring professions*. London: Longman.

Etherington, K. (2004). *Becoming a Reflexive Researcher: Using ourselves in research*. London: Jessica Kingsley.

Glaser, B. G., & Strauss, A. L. (1967). *The Discovery of Grounded Theory: Strategies for qualitative research*. New York: Aldine de Gruyter. (後藤　隆・大出春江・水野節夫(訳)(1996). データ対話型理論の発見　新曜社)

Langdridge, D., & Hagger-Johnson, G. (2009). *Introduction to Research Methods and Data Analysis* (2nd ed). Harlow: Prentice Hall.

Marton, F. (1986). Phenomenography: A research approach to investigating different understandings of reality. *Journal of Thought, 21*, 28-49.

Smith, K., Todd, M., & Waldman, J. (2009). *Doing your Undergraduate Social Science Dissertation*. New York: Routledge.

Somekh, B. (2006). *Action Research: A methodology for change and development*. Maidenhead: Open University Press, McGraw-Hill Education.

Spradley, J. P.(1979). *The Ethnographic Interview.* New York: Holt, Rinehart, and Winston.

Strauss, A., & Corbin, J.(1998). *Basics of Qualitative Research Techniques and Procedures for Developing Grounded Theory*(2nd ed). Thousand Oaks, CA: Sage Publications.（操　華子・森岡　崇(訳)(2012). 質的研究の基礎：グラウンデッド・セオリー開発の技法と手順．医学書院

Viadero, D.(1996). Researchers seek new road map for teaching. *Education Week, XV,* 9.

―――― ウェブサイト ――――

http://sourceforge.net/projects/freemind(accessed 12 February 2013)：データ分析とデータ整理のための無料のマインドマッピングソフトウェア

http://www.bps.org.uk/psychologists/standards-and-guidelines：英国心理学会の倫理規定

www.wisemapping.com(accessed 12 February 2013)：リアルタイムの協働活動のための協働マインドマッピングツール　(無料版)

第 **5** 章

批判的思考スキルを身につける
──批判的に読む──

　この章では，すぐれた批判的思考者になるために役立つ練習が必要なスキルについて見てみよう。身体を鍛えるときのように，あなたの脳も練習をすることで鍛えることができる。練習には，批判的に読むことと批判的に書くことの２つの方法がある。ここでは，資料をどのように読み，それらをどのように分析・評価し，そして，整理するのかについて見てみよう。

　今，あなたは「私は大学生なのだから，今さら読み方を理解するなんてことは必要でない」と考えているのではないだろうか。しかし，ここで伝えたいのは，目的をもって読むことについてである。もしあなたがすぐれた批判的思考者になろうと思うなら，適切な情報源を探す方法やそれらの妥当性を判断する方法を知る必要があるし，その情報を信じてよいかどうかをどのように決めたらよいのかについても知る必要がある。この章では，目的をもって読むことについて考えてみよう。

◀　◀　◀　◀　**本章の目標**　▶　▶　▶　▶
この章では，次のことを理解する。

☐ どの情報が「問題／論点／疑問」に関連するかを決める方法。
☐ 読んだものを分析し，そこから関連した情報と理解を得る方法。
☐ さらなる分析や参照のために，入手した情報とその入手プロセスを
　　記録する方法。

I. 目的をもって読む

　第3章では，さまざまな検索ツールやリポジトリを用いて資料を検索する方法と，図書館司書がこれをどのように手助けできるかについて説明した。ここでは，この方法で見つけた資料を使って何をするのかについて考えてみよう。

練習問題

　あなたが探究したいと思うトピックについて，関連のある問いを考えてみよう。たとえば，次のように，あなたがやらなければならない課題に関連しているものでもよいし，あなたが興味をもっているものでもよい。

- □算数のスキルは幼稚園ではどのように教えられているのだろうか。
- □BTEC（商業技術教育委員会学校卒業認定：The Business and Technology Education Council）を取得することは，大学に入学できる可能性にどのような影響を与えるだろうか。
- □真正な評価とは何か。高等教育ではそれがどのように使われているのだろうか。

　あなたが探究したいと望むどのような問いを考えてもよいが，この問いはあなたが検索をするときの問いとなる。
　次に，関連性のある情報源を見つけるために使うキーワードや検索用語を考えてみよう。
　それができたら，さっそく検索を始めよう。
　検索結果の中から，あなたがもっとも重要だと考える文献を5つ選び，その5つの情報と，なぜそれらがもっとも重要であるのか，どのようにあなたがその選択をしたかを書いておこう。次の2節で，再度取り上げる。

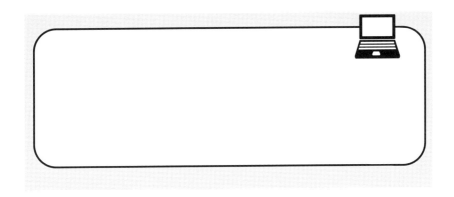

2．関連情報を確認する

　練習問題で選んだ検索語を使って一連の資料を特定したら，一度，自分の問いと関連しているか判断する必要がある。たとえば，情報源の信頼性（書いたのは熱狂的なアマチュアか，それともその分野で定評のある人か），資料の内容や結論の妥当性（誤った前提に基づいていないか。書き手は説得のためのレトリックを用いていないか），資料の結論がもとにしているデータ／結果／成果を得るために使われた手法（それらが適切で妥当なものか）といった観点からの判断である。

　こうしたことは難しいことに思えるが，あなたの判断の補助となる簡単な方法がある。

　はじめに記事の見出しを読む。その見出しはあなたが答えようとしているリサーチクエスチョンに直接関係するように思えるだろうか。もし関連しそうなら，次に進もう。もし関連しそうになくても，続けていこう。次に述べるどの段階でその資料を除外してもよいのだから。

　次に抄録に目を通す（もしあれば）。それを読めばタイトルよりも多くの情報を得られるだろうし，その記事があなたの研究に本当に関連があるか決めやすくなるだろう。抄録を読めば，研究の対象集団や用いられている方法，

おもな結果と結論についての情報が得られるはずだ。たとえば，あなたの関心が民族誌的（エスノグラフィ）研究にのみある場合，抄録に書いてある方法論の詳細を読めばその研究を参考にするか除外するか決まるだろう。

　続いて出典を見て，次のことを問うてみよう。

　　□信頼できる学術的な出版社から出版されているか。
　　□査読付きの学術雑誌で発表されているか（査読付きとは，その学術雑誌が
　　　知られており，論文が受理される前に専門家により審査されることを意味
　　　する）。
　　□専門機関や大学のウェブサイト，政府のウェブサイトといった信頼できる
　　　情報源であるか。

　上記のどれにも当てはまらなかったとしても，その資料が使えないというわけではない。ただし資料を検討する際は，特に徹底的にしなければならない。時には，その分野の一流の専門家たちが研究プロジェクトのウェブサイトやブログを立ち上げて，最新の研究結果を誰もが閲覧できるようにしていることもあるので，記事の著者も確認する必要がある。

　　□著者は誰か。
　　□著者の業績や経歴はどのようなものか。
　　□著者の研究は誰かに引用されたことがあるか。

　繰り返しになるが，これらすべてがわからないとしても，情報源についての判断を止める必要はない。著者がどのようにデータを導き出しているのかを見てみよう。

　　□その資料は他者がよく引用しているか（参照しているか）。
　　□適切な方法・既知の方法論を用いているか。

68

第 5 章　批判的思考スキルを身につける

□適切な方法を用いているか。

□もし質問紙や面接調査などの手法を用いている場合，内容は適切に設計されているか。あなたは見ることはできるか。

□データを分析するために適切なツールを用いているか。

□結論は論理的か。適切な前提に基づいているか。

□結論を適切に解釈できるように研究の限界が示されているか。

　上記の問いの一部もしくはすべてがあなたが文献を評価するときに関連するだろう。これらの問いのリストをつくり，手元の資料がどれを満たしているかチェックしていくことで，この作業を簡単にすることができる。そして，あなた自身の状況でどれがもっとも重要か決める必要がある。それをもとに，自身の研究に照らして資料を取捨選択することができる。たとえば，「臨床教育のシミュレーションにおける有効性に関する知見の現状」という問いに答えるために文献をレヴューしているとすると，データ収集に関してはすべての規準を満たしはしないものの，その分野でよく引用される（よく知られている）文献であれば，あなたのレヴューにとって重要となる非常に価値のある二次資料となるかもしれない（一次資料とは研究論文のような新たなデータの収集，解釈を報告するものである。二次資料とは，展望論文や報告書のように，新たな解釈をしたり新たな知識を生み出すために他者の研究結果に基づいて書くものであり，引用した（参照した）他者の研究についての解釈を提供するものである）。

　ある論文が自身の研究に関連すると判断したら，すべての情報（著者，タイトル，発行年，発行元）を記録する必要がある。できれば，文献管理システムを使うとよい（文献管理システムには，情報カードを用いるものやExcelのように単純なものもあるが，RefWorksやEndnote，Zoteroなどのように，適切な引用やデータ管理のプロセスを自動化する洗練されたソフトウェアもある）。

　また，文献にアクセスした日付やその文献を探すために使った検索用語，

使用した検索エンジンやデータベースについてもメモをしておいた方がよい。最後に，あなたがその論文から得た重要な情報や，なぜその研究が価値があると思ったか，その研究はあなた自身の議論のどの部分を支持するものなのかということについても書き留めよう。引用したいと思う重要な箇所があったら，その部分やそのページを慎重に書き留めておこう。これらの情報はすべて，あとで利用するためにExcelのスプレッドシートや文献管理ソフトに記録しておくとよい。また，あとでメモを見たときにその議論の妥当性を判断できるように，結論の根拠となっている重要な前提やデータも書き留めておきたいと思う人もいるだろう。2つかそれ以上の違う文献が矛盾する証拠を示しているとき，このような記録は特に重要になってくる。このような情報をすべて集めたら，あなたが検討したい問いや論点に関する自分の見解や主張を支えるために，これらの情報をまとめる方法を知る必要がある。この点については，次の章で見ていく。

練習問題

　p.66の練習問題での検索について，今度は上記の方法を用いてもっとも重要な参考文献を5つ選んでみよう。先ほど選んだ文献と違いはあるだろうか。

本章のまとめ

　批判的思考スキルを高めるための1つの方法は，それらの練習をすることである。練習方法はいくつもあるが，その1つは，特定の問題や問いに関する情報を探し，分析して評価することである。あらゆることに対して疑問をもつことは重要であるが，多くの情報があるので，ある情報があなたの問題や問いに関連しているかどうかを判断したり，それが妥当かどうかを判断するためのルーブリック（評価基準）やシステムを利用することが重要である。これを行うには，評価する文献や情報源ごとに実施できる形式的なチェックリストをつくるとよい。

　批判的思考力を発展させるためのもう1つの方法は，書くことである。あなたの考えや主張を構造化された方法で見える形にすることで，自分のスキルがどのように上達しているのかわかるようになる。これについては，次の章で取り上げる。

―――――――　引用・参考文献　―――――――

Browne, M. N., & Keeley, S. M.(2009). *Asking the Right Questions: A guide to critical thinking*.　Harlow: Pearson Education.（森平慶司（訳）(2004).クリティカル・シンキング練習帳　PHP研究所）

Cottrell, S.(2005). *Critical Thinking Skills*. Basingstoke: Palgrave Macmillan

Metcalfe, M.(2005). *Reading Critically at University*. London: Sage Study Skills.

―――――――　文献管理ソフトウェアのウェブサイト　―――――――

http://endnote.com(accessed 31 January 2013).

www.refworks.com(accessed 31 January 2013).

www.zotero.org(accessed 31 January 2013).

第 **6** 章

書くことを通して 批判的思考を育成する

　これまでの章では，すぐれた批判的思考者に求められるスキルや性質について見てきた。これらのスキルを育成するためには練習が必要である。この練習は，よく計画されたアクティブラーニングや，ライティングやプレゼンテーションといった意図的なコミュニケーションを通じて行うことができる。ビーン（Bean, 2011）は，関連する問題についてうまく設計されたライティング活動が学問分野や専門的知識を深めるだけでなく，同時に，学生の批判的思考をいかにうまく育成するかについて論じている。

◀　◀　◀　◀　**本章の目標**　▶　▶　▶　▶
この章では，次のことを理解する。

□ 書くことはなぜ批判的思考スキルの育成に役立つのか。
□ 批判的思考スキルの育成を促すために，どのように評価を設計するか。

Ⅰ．課題の性質が批判的思考スキルを発揮する能力に影響を与える

　課題（assignment）［訳者注：通常「宿題」と訳されるが，大学教育の文脈からここでは課題とした］や評価課題（assessment task）がどのような形式をとっていても，何らかの形式で書いて提出する必要があるだろう。数学では，学生がどのように問題を解いたかを示していないとしばしば減点される。これは，その問題をどのように考えて自分のもっている知識を使ったかを示すことと，その結論に達することが，数学的には同等であるためである。もちろん，創造的な分野において，評価対象となる成果物は，パフォーマンスやデザイン，特定の素材を使った製作といった形をとることがあり，批判的思考スキルを発揮する方法は非常に異なるかもしれない。

　すべてのスキルがそうであるように，批判的思考スキルは，それが他者との口頭での議論や論証であろうとなかろうと，訓練を通して育成されるし，また，議論を書いたり心の中で描いたりする中で育成される。あなたが書く内容とその中で批判的思考スキルをどの程度訓練し発揮することができるかは，課題で予想される成果やそれがどのように設計されているか次第である。

　たとえば，「現代教育理論についてのレポートを書きなさい」というようなテーマは，これまでに受講した関連する講義からの情報を思い出したり，教科書や他の読んだ書物から得た情報を盛り込むことを促す。このようなことは，記述をするスキルを訓練する手助けにはなるが，自分の知識のどこに離齬があるのかを熟考することを促すわけではない。また，情報収集スキルの訓練にはなるかもしれない（たとえそのトピックにおける講義がある教育課程の一部であったとしても，学生たちはしばしば講義ノートだけ，場合によっては推薦文献を読むだけである）。批判的思考者になるためには，情報収集への合理的（論理的）アプローチをとらなければならない。これは，検討中のテーマに照らし合わせて情報が妥当であるか，関連しているかを判断しながら情報を選択するという意味である。知識の初歩的な獲得や，解釈を

伴わない暗記や記憶の再生では批判的思考にはならないし，前の章で述べたような剽窃の問題をもたらすこともある。

2．課題のためのライティング

　課題を始める前に，自分の焦点を明確にする必要がある。大学では，学生自身が課題やモジュール（単元）に関わる学習成果（learning outcome）を探究しながら，課題が求めることに対して批判的に考えることが期待されている。学習成果とは，そのモジュールの最後にはできるようになっていると期待されることであり，学生は何らかの評価形式のもと，それを示すことができなければならない。これは授業や試験を通して行われる。学生はしばしば形成的評価を受ける。形成的評価は，学生の成績には影響しないが，練習や講師/チューターからのフィードバックを通して，学生が自分のスキルを伸ばす助けとなるものである。形成的評価によるフィードバックは，学んだスキルを発揮するためのよりよい準備をする際に，どの部分にもっと取り組む必要があるのか学生自身が理解するのに役立つ。

　課題について書き始めるとき，自分に求められていることはどのようにすればわかるのだろうか。課題を理解しようとする際，以下のことは非常に重要である。

　　□カリキュラム／課程／専攻科目群（モジュール）の便覧やシラバスを読んでみる。その科目群と関連する学習成果や，取りかかろうとしている課題の学習成果もわかるはずだ。
　　□あなたが受けているカリキュラム全体や科目群の中で，獲得するように求められる重要なスキルに注目しよう。そして，取りかかろうとしている課題の中ではどのスキルを発揮するよう期待されているのかを見極めよう。

アカデミックなライティングスキルを養うのに役立つようなアドバイスは，

ネット上あるいは紙の資料（教育課程や授業のオンラインサイトや便覧）で手に入る。学問分野の中には，特定の評価方法を構築する特別な方法を定めているものがある領域や（科学や法律など），専門用語の使用が求められる領域もある。たとえば，科学の領域では三人称で記述することが普通である。"I did this.（私は行った）" と記述する代わりに，科学者は "This was done.（行われた）" と記述する。

　課題は，専門科目群で求められる学習成果を学習者が示すことができるように設定されている。ある課題がどの学習成果に焦点を当てているのかを確実に把握するために，課題が求めているものを正確に分析する必要がある。課題の説明や問いには，求められているものを特定するのに役立つような指示的な言葉が含まれている。「説明しなさい」などの動詞は，問いに対してどのように答えなければならないのかを知るうえできわめて重要なものであり，課題で分析したり論述したりする手助けになるものとして動詞を理解することが不可欠である。表6.1にいくつかの定義を示す。ただし，研究の手引き書にはさらに多くの定義が載せられている。

　課題の手引きの中で，考慮すべき要素（あるいは規準）のリストが与えられることもある。これがあらかじめ用意された手順だと思ってはいけない。リストは特定の順序になっておらず，ただ学習者に案内するだけということもある。リストをポイントごとに分解し，構造化された計画を立てられるように並べてみよう。よくわからないときはチューターに確認してみよう。時には，課題を評価するのに使われる評価規準が示されることもある。これは，その課題で求められている知識，理解，スキルについての明確な手引きとなる。

第6章　書くことを通して批判的思考を育成する

表6.1　課題のタイトルや試験の問いで使用される語彙の例とその定義
(英国Edgehill University 教育学部の課題の手引きから)

語彙	説明
Account for	説明しなさい。～の理由を述べなさい。
Analyse	問題を部分に分け，それぞれの部分に対してさまざまな論拠や証拠を述べながら客観的に議論しなさい。
Argue	ある立場に対して，賛成/反対の理由や証拠を示しながら支持/棄却しなさい。
Comment on	証拠を用いて，ある事柄がなぜ重要なのか，あるいはなぜ重要でないのかを説明しなさい。
Compare	複数の事柄の類似点を示し，その理由を説明しなさい。
Contrast	複数の事柄の相違点を示し，その理由を説明しなさい。
Critically	関連する妥当な情報に基づき評価対象となる主題について，客観的に判断しなさい。
Define	事柄についての正確な意味を示しなさい。あるいは，同じことについての異なった意味を述べなさい。
Discuss	問題のあらゆる側面を確認し，関連する前提に基づく合理的な議論を展開したうえで，結論を述べなさい。
Evaluate	あること（問題の焦点）が重要なのかどうか，関連があるのかどうか，効果的なのかどうかを判断しなさい。その判断の具体例と証拠を示しなさい。
Explain	あなた自身の知識に基づいて，他の人にも理解できるような明確な言葉を用いて問題に対するあなたの理解を論証しなさい。
Illustrate	説明の助けとなるわかりやすい具体例や事例を示しなさい。
Outline	おもな特徴，原則，出来事などを述べなさい。

練習問題

次のような課題の説明について考えてみよう。

　学習を促す1つの手段としての講義の有効性について，あなたの解答を例証するために実践での具体例を示しながら，支持する証拠と支持しない証拠を批判的に評価しなさい。

まず，この課題で何を求められているのかを示す言葉を確認しよう。その部分にマーカーで線を引き強調するとよい。上の例では，次の言葉がそうである。

　例証する，批判的に評価しなさい

次に，下記のような課題の文脈を定める他のキーワードに着目する。

　学習を促す証拠，講義の有効性，実践での具体例

続いて，自分の発想の地図を描く手助けになるように，（紙を使って，あるいは，オンラインのマインドマップ機能を使って）自分の考えをブレインストーミングする（たとえば，「講義」という言葉を定義したり，学習の促進に関連のある理論を列挙してみる）。基本的なマインドマップの例を図6.1に示す。マインドマップは，自分の思考や発想の流れを記録して，あなたの解答を構造化する助けとなる。

課題の問いを自分の言葉で書き直せば，その問いを理解するうえで役に立つ（たとえば，「講義が学習を促進するという考えを支持する証拠と支持しない証拠を批判的な姿勢で調べる」，「自分の主張を支持する実践的な例を用いる」というように書き換えられる）。

課題の文を分解し，さらなる問いを出すことから始める（たとえば，学習という言葉が意味することは何なのか，学習は他にどのような形の教育で促進されるだろうか，講義はどのように学習を促進するのか，など）。

（図6.1は，課題が求めていることを分析する際，自身の思考をたどるためにマインドマップを使用する方法を示している。課題の質問の言葉や表現は太字で示されている。細字は，課題の取り組み方についての自分の考えである。情報収集のプロセスを進めながら，資料から得た考えや引用を追加できる）。

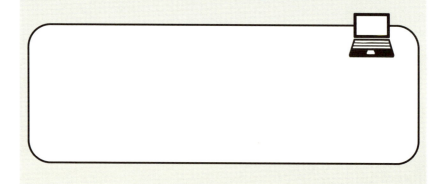

第6章 書くことを通して批判的思考を育成する

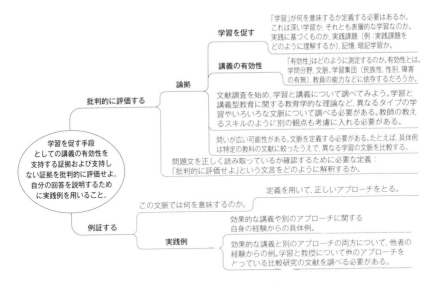

図6.1 マインドマップ

3．課題の計画を立てる

　何事においても，物事をうまくこなすためには計画を立てることが欠かせない。計画することは，物事を軌道にのせ，脱線することを防ぐ手助けとなる。課題でたくさん書いたとしても，もしそれが課題からピントがずれていれば点数は得られない。以下のことは，あなたが実践できる基本的な手順である。

□課題の問いを分解する。
□ブレインストーミングをする（何かしらの形でマインドマッピングを行う）。
□授業のレジュメや推奨されている参考図書を読む。
□自分自身でさらに調べる（これは，良い回答と卓越した回答の差を生み出すうえで役立つ）。
□大まかな計画（アウトライン）を立てる。
□各節にキーワードを割り当てる（この段階で，完璧な草稿を書こうとしてはいけない。アウトラインの中の各節にあなたの考えや発想を整理しようとすることで，書き始めやすくなるのである）。

□草稿をつくるために，上記の作業でできたものを洗練させる（この段階で，
　チューターに相談できるかもしれない）。
□草稿を加筆修正する。
□校正する。

実践例

ここで，次の課題に対して，ある学生がとった手順を例として示す。

　　言語の多様性を促進させるうえで，教室における教師の役割について批
　判的に検討しなさい。特に，イマージョン（没入法）/バイリンガル法に
　関する論争を考察に入れること。あなた自身が学校や保育園で一緒に活動
　したことのある子どもたちに言及しながら，（英語圏で）英語を母国語以
　外の言語として習得している子どもたちの学習支援について，詳細に分析
　しなさい。

　この課題に対してある学生が解答を考える際に役立った4つの手順を紹介す
る。これは課題に取り組む際の1つの方法で（唯一の方法ではない），他の学問
分野にも応用可能である。

①自分は最初に何を考えたか，なぜそう考えたのかを明確にする。最初の考え
　を書き出すことで，自分の思考を明らかにしやすくなる。これをするためには，
　文献の中の手がかりを明確にしたり，手がかりとなる箇所を探すために批判
　的に読まなければならない。たとえば，

　(a) あなたは，教室での自身の経験や知識から考え始めたとする。下記は，
　この学生が課題を始めたときの最初の考えである。

　　　昨年私は，英国での滞在期間が1年未満の子どもが多数を占める保育園
　で活動した。子どもたちの英語力は非常に乏しく，子どもたちは求められ
　たことをするのに苦戦していたので，私は，その子たちに友達と活動した

り遊ぶことをやめさせて，少人数の英語の授業をさせることが良い考えだと思った。

(b) この学生が重要な問題に対する知識を増やし理解を深めるために調べた文献のリストを下記に示す。

Crosse, K.(2007). *Introducing English as an Additional Language to Young Children: A practical handbook*. London: Heinemann.

Editorial Team Teachernet, last updated May 2007. Available online at www.education.gov.uk/schools/pupilsupport/inclusionandlearnersupport/eal/a0076755/english-as-an-additional-language(accessed March 2013)

Scott, C.(2008). *Teaching Children English as an Additional Language*. London: Taylor & Francis.

②他の考え方やさらなる証拠を調べる。特にあなたの考えや（たとえば，あなたの実践において）あなたが観察したこととは相反するものも含めて，すべての立場について検討したか確認する。この問題について専門知識をもつ人に相談する。たとえば，

　グレゴリー（Gregory, 1997）を読んで，私は，子どもたちを，英語を話す友達から引き離すことの欠点に気づいた。代わりに，私は今は，非英語話者の子どもたちが大人から学ぶのと同様に友達からも学ぶことができるように，話したり聞く学習体験をすべての子どもと一緒にすることに焦点を当てる方がはるかに良いと信じている。

③妥当な規準にしたがって根拠を評価する。その際，妥当な規準は評価の枠組みによって決まる。同意できる点と同意できない点を図表にまとめ，自分の最初の意見と見比べてみる。たとえば次のように，あなたの議論／主張を支持する証拠を示す。

あなたが最初に，非英語話者は，話したり聞いたりする経験によって教師か
らだけでなく友達からも学ぶことができると考えたとしたら，その考えの適切
性を考察しやすくするために次のような特定の文献をまず読む必要がある。

Editorial Team Teachernet, last updated May 2007. Available online at: www.education.
gov.uk/schools/pupilsupport/inclusionandlearnersupport/eal/a0076755/english-as-an-
additional-language(accessed March 2013)

Gregory, E.(1997). *One Child, Many Worlds: Early learning in multicultural communities*.
London: David Fulton.

Hall, D.(1995). *Assessing the Needs of Bilingual Pupils: Living in two languages*. London:
David Fulton.

Judge, B. C.(2003). Chapter 9. In K. Crawford(ed.), *Contemporary Issues in Education: An
introduction*. Dereham: Peter Francis

Porter, B.(2004). *Understanding Each Other: Supporting children with English as an additional
language(EAL)in early years settings*. Chester: Cheshire County Council.

---

④バランスのとれた議論にする。課題は，あなたが利用できる証拠に照らして
もっとも論理的だと思われる回答を展開することである。これはあなたが複
数の観点から調べた情報と問題に対する最初の考えを総合したものになるだ
ろう。

４．オンライン評価と批判的思考

　最近は，学生がブログをつけるよう求められたり，グループ学習として
Wiki［訳者注：ウェブ上で文章を編集するシステム］をつくったりすることがずい
ぶん一般的になっている。これは，内省的な日記のような評価目的のために
行われることもあれば，個人的な成長や専門的な成長のために行われること
もある。ブログやWikiを書くときでも，著者は文脈を定め，議論を構築し
たうえで結論を述べる必要がある。ただし，ブログやWikiではこのプロセ
スは複数の投稿によって断片的に行われたり，他の投稿者によって修正され

ることがある。

　ブログを書くときは，過去の投稿を時には見直し，その後より多くの情報源を得たために自分の見解や立場，結論が変化したかどうかを確認することがきわめて重要である。内省の作用を通じて，自分の立場や観点を更新することができる。このような方法を使うことの良さは，自分で（そして評価する人が）新しいスキルが生まれたり，スキルが成長していく様子をみることができるという点である。

　Wikiは，自分の個人的な見解を述べるという観点から見ると，他の人がそれを変更できるので難しい点もあるが，それによって他人と討論ができる場に参加でき，自分の立場の妥当性を他人に納得させる能力（もしくは主張の影響力）を示すことができる。また，自分や評価者がその成果がどのように生まれたかを知ることができる。

本章のまとめ

　批判的思考スキルを育成するには，それらを訓練する必要がある。これは，評価を通して，特に，書くことを通して成し遂げることができる。書くことによって，問題に対する自分自身の理解を吟味し，理解していることを説明する能力を磨き，自身の知識を発展させる情報を調べ，その情報を分析，評価し，合理的な主張を述べ，問題に対する判断や個人的見解に到達することができるようになる。課題を書く際には，以下の点が役立つだろう。

　　　□問題を注意深く十分定義する。
　　　□問題のすべての側面を調べる。
　　　□納得する妥当な根拠や証拠が見つかった際には，立場を変えることをいとわない。
　　　□最善の解決策を選択するために，複数の代替策を探す。
　　　□最善策というのは皆にとって同じではないことを理解する。

□他人の価値観や意見に耳を傾ける。

□データに関する相反する解釈に疑問をもち，それらを比較する。

□結論を評価する。

　課題の下書きを完成させたら，それをふたたび吟味し，必要な学習成果を示しているかどうかを確かめることが重要である。見直しや再考といったプロセスは学習を強化する。次の章では，自分自身が書いたものを分析する方法について考える。

-------- 引用・参考文献 --------

Bean, J. C.(2011). *Engaging Ideas: The professor's guide to integrating writing, critical thinking, and active learning in the classroom*(2nd ed). San Francisco, CA: Jossey-Bass.

Beveridge, A. N.(1997). Teaching your students to think reflectively : the case for reflective journals. *Teaching in Higher Education, 2*, 33-43.

Crosse, K.(2007). Introducing English as an Additional Language to Young Children: A practical handbook. Oxford: Heinemann.

DfES(1999). *All our Futures: Creativity, culture and education*. London: HMSO.

DfES Central Advisory Council for Education.(1967). *Children and their Primary Schools*('The Plowden Report'). London: HMSO.

Gregory, E.(1997). *One Child, Many Worlds: Early learning in multicultural communities*. London: David Fulton.

Hall, D.(1995). *Assessing the Needs of Bilingual Pupils: Living in two languages*. London: David Fulton.

Judge, B. C.(2003). Chapter 9. In K. Crawford(ed.), *Contemporary Issues in Education: An introduction*. Dereham: Peter Francis

Porter, B.(2004). *Understanding Each Other: Supporting children with English as an additional language*(EAL) *in early years settings*. Chester: Cheshire County Council.

Scott, C.(2008). *Teaching Children English as an Additional Language*. London: Taylor & Francis.

-------- ウェブサイト --------

www.education.gov.uk/schools/pupilsupport/inclusionandlearnersupport/eal/a0076755/english-as-an-additional-language(accessed 4 February 2013)：母国語以外の言語としての英語教育関連のリソース

第 **7** 章

ライティングを分析する

　ここまでの章では，情報リテラシースキルを改善させたり，ライティングを練習することを通して，批判的思考がどのように育成されうるかということを見てきた。本章では，自身のライティングを振り返るというプロセスについて，またそのプロセスを分析することがどのように学習の手助けとして使われるのかということについて見ていく。本章では，あなたの批判性のレベルを確認しながら進めていく。また，この批判性が，あなたの文章にどのように組み込まれていくのかを示す。

◀　◀　◀　◀　**本章の目標**　▶　▶　▶　▶
この章では，次のことを理解する。

□ ライティングを通して内省する（すなわち，ライティングを通して学び，熟慮的に書く）。
□ 自身のライティングスタイルや構造を振り返る。
□ 編集や確認という事務的作業の重要性を考える。
□ 自分の考えについて考える。自分の熟慮性について熟慮する。自分の分析について分析する。

1. 自分が書いたことを振り返る

いつも言われることの1つに,「自分が書いたものをかならず点検しなさい」というものがある。これまでに,何度そのように言われてきただろうか。また,この言明は何を意味していたのだろう。単に誤字や文法の間違いをチェックするためだけではなく,伝えようとしている視点が本当に明確になっているかを確信するために,自分が書いたものを何回読み直しているだろうか。

単純なレベルで自身が書いたものを振り返るということは容易であり,次のようなことが含まれる。

□文を読み直し,意味をなしているか確認する。
□次の段落に進む前に,段落を読み,連続性を確かめる。
□文章の流れに戻るために,休憩のあと最初から読む。

しかし,前の章で述べたように,書くことはあなたの批判的思考スキルを伸ばすのに役立つ。また,あなたが書いた文章の中に批判的思考スキルが確実に示されるようにする必要がある。それゆえ,あなたの文章がより高いレベルの思考を反映しているようにするために,書いたものを分析しながら,次のようなスキルを実践する必要がある。

□自身の個人的考えに自ら疑問を投げかける。
□他者のアイデアや視点に開かれている。
□他者の解釈や結論に疑問を投げかける(単にパブリックドメインの情報であるからといって,正しい,あるいは妥当性があるという意味ではない,ということを覚えておく)。
□(肯定的・否定的な)判断をすることができる。
□証拠やデータが示唆することを探究することができる。
□自分が集めた情報に関する自身の解釈を提起するだけの十分な自信がある。
□自身の偏見・先入観に直面したときに受け入れられる。

第7章 ライティングを分析する

□代案・意見を柔軟に考慮する。

□批判的な内省によって変更する十分な理由が示唆された場合は，考え方を
再考し，見直そうとする。

このような方法で分析することで，自身の議論の欠点や，証拠という形式
でさらなる明確化や証明が求められている部分が明らかになるだろう。この
証拠は，あなた自身の実践や経験からくるかもしれない。メタ認知や自己内
省は，自身の成長計画やポートフォリオを継続することによってしばしば促
されるもので，多くの学生は内省的な日誌（自身の経験，観察，認識，学習
を記録するもの）を書くことが推奨されている。これらの日誌は，批判的思
考や自信を育むうえで役立つかけがえのない財産となり，あなたの議論を支
える情報源となるだろう。これは自己参照（self-referencing）と呼ばれる。

実践例

自己参照のより一般的な形式は，レポート課題で自身の学習日誌（learning
journal）や教育記録（teaching file）から直接引用するというものである。この実
践的な例として，次のようなものがある。ある教育実習生が授業実践について
書いたもので，EAL（English as an Additional Language：母国語以外の言語としての英語
［第二言語とは限らない］）がすぐれている1人の子どもに，パキスタンから来た転
校生を支援するために一役買ってもらった例である。

先生は，Ａ児を優秀な学習者であるＢ児のとなりに座らせることに決
めた。Ｂ児はパキスタン出身で，ウルドゥー語と英語の両方を上手に話す。
先生は私に，Ｂ児はＡ児を学校生活全体を通して個人的サポートするだけ
でなく，授業の中の通訳も手伝うことができると説明した。Ａ児は転校生
なので，できるだけ早くEALを学ぶ必要があった。

Ａ児の英語力向上の補助役からのフィードバックに基づき，先生は英国
小学校全国共通指導方略（Primary National Strategy）のWave 3［訳者注：
もっとも児童個人に合わせた介入］用の子ども向けの課題をＡ児に与えた。

しかし，私は，Ａ児をサポートするというＢ児の負担を心配していた。
　　私がとった，日誌（2008年10月8日）の記録を振り返ると，Ｂ児はウル
ドゥー語を話し，Ａ児を大いに助けてきた。しかし，Ｂ児は自身の課題の
時間が削られるので，今となってはサポートに本当に飽き飽きしている気
がする。
　　リテラシー向上のためのレポート課題で，私がＢ児のものを採点するこ
とになったとき，この余分な責任の影響がさらに明らかになった。Ｂ児は，
書く能力がクラスでもっとも高い児童の1人であるが，それが課題に反映
されていなかったのだ。私は書く能力が高い子どもたちと話すことにした
…彼らはこう打ち明けた。授業中の質問時間のかなりの割合をＡ児が使っ
ていたため，彼らは集中することができなかったと。

　この実習生は自分の実習日誌から短い引用を行い，それを裏づける証拠を付け
加えながら，その引用を自身のレポートの中で詳しく述べた。
　ここで，この実習生がどのようにより批判的なアプローチをとることができ
るかということについて考えてみよう。日誌の「しかし，Ｂ児は自身の課題の
時間が削られるので，今となってはサポートに本当に飽き飽きしている気がす
る」という引用の中の「気がする」という部分は，はじめのうちはその仮定に
つながるような証拠もなく彼女は書き残した。後続の段落で証拠が提示された
としても，そもそも何がその「気がする」という部分を生み出したのかは読み
手に確実にはわからない。これら2つをつなげることによって，書く内容によ
り強い論理的な流れをつくることができるだろう。書く内容をより批判的な形
にすると，次のようになる。

　　Ｂ児はウルドゥー語を話し，Ａ児を大いに助けてきた。しかし，Ｂ児は
自身の課題の時間が削られるので，今となってはサポートに本当に飽き飽
きしている気がする。
　　自分が抱いていた「感覚」が単なる直感ではなく，確信に変わったのは
Ｂ児のレポート課題を採点したときである。Ｂ児は，書く能力がクラスで
もっとも高い児童の1人であるが，それが課題に反映されていなかったのだ。

第7章　ライティングを分析する

　このような確認は，文章をより明確にするという意味で（欠点や不十分な点を見つけるという意味合いではなく）批判的なものである。

2．内省

　「内省」という言葉は，多くの学生，特に専門的な実践を伴う科目を勉強している学生にはよく知られているだろう。学習の一環として，学生は自分自身の経験について内省を要求されることがしばしばある。あなたはおそらく，「内省する実務家はすべての経験から学ぶが，内省しない実務家は同じ思考を堂々巡りするだろう」という格言に聞き覚えがあるのではないだろうか。

　内省は，分析とどのように関係しているのだろうか。簡単に言えば，分析とは内省するプロセスの一部であるが，分析は他の文脈にも当てはまる用語でもある。まず，「内省」(reflect) という言葉には，振り返るという意味がある。振り返りは，自分自身を学習している状況の中に位置づける際に必要である。また，細部まで思い浮かべるための想像力が必要である。内省しているときには，その状況における心配なことに向き合い，考え抜く。内省という用語は，米国の哲学者デューイ（Dewey, 1933）によって初めて教育の文脈の中で用いられ，その考えはブードほか（Boud et al., 1985, pp.26-31）によって，次のような意味で発展してきた。

□**経験に戻る**
　　重要な出来事を思い出したり，詳細に述べたりすること。
□**感情（feeling）に注意する**
　　有益な感情を用いたり，邪魔な感情を除くあるいは管理すること。
□**経験を評価する**
　　既存の知識と照らし合わせながら，経験を再考すること。

89

振り返り課題

　学習経験をあなたがこれまででどのように内省してきたか，次の観点にそって考えてみよう。

□何が効果的で，何がうまく機能しなかったかを見分けることができるように，状況を十分詳細にかつ正確に説明できただろうか。

□学び・理解・実践を改善するうえでの問題や方略を正確に認知することはできただろうか。

□その問題について，あなたは誰かと話し合っただろうか。話し合った場合は，その議論から何を学んだかを考えてみよう。他者の意見を自身の経験に対する内省に取り組むことはできただろうか。

□内省はどのような形式で行われただろう。あなたは内省を書き留めただろうか。書き留めていない場合，書くというプロセスは内省にどのような付加価値を加えていたと思うか考えてみよう。

□内省するプロセスを通して得られた学習を活用しただろうか。さらに理解を深めることができただろうか。もしそうであるなら，どのように？

　「内省」という言葉にはさまざまな解釈があり，しばしば特定の分野や内省の使われ方に関連している。たとえば，科学者たちは，おそらく内省よりも「批判的な自己評価」というだろう。このような意味の違いは，学問領域を超えて共通して存在する（「批判的思考」という言葉でさえ，そのスキルや特性について学問領域を超えた合意に至ることは難しい）。重要なことは，

使われている名称ではなく，特定のプロセスで生じる学びの内容である。

　もしあなたが内省することに慣れていないならば，１つの出来事や経験に対して単純に１つの説明を述べるという間違いをしてしまいがちである。しかしながら，学びは，深い洞察や分析，評価からくるものである。内省に不慣れな人を内省に促す基本的な方法として，次のようなものがある。

□ステップ１
　ある出来事やそのプロセスについて，特定の状況との関連の中で明確に説明しよう。あなたが学習する文脈や予想される学習成果を考えてみよう。どのような感情を経験し，その感情は何によってもたらされただろうか。

□ステップ２
　あなたが今もっている知識や利用可能な知識をもとに，自身の経験がどのような意味や影響力をもつのかについて考えてみよう。その経験は，あなたの知識・理解・実践・価値観にどのような影響を与えただろう。その経験は効果や意味のあるものだっただろうか。もしそうだとすれば，それはどのような効果や意味なのだろうか。その経験は，あなた自身やあなたの実践，また他者に影響を与えただろうか。

□ステップ３
　その新しい知識や理解を用いてあなたは何ができるだろう。成長途上の専門家としてのあなたとどのような関連が見いだせるだろうか。領域の基礎知識や他者や専門的な実践に影響を与えたり，活性化するために，それをどのように使うことができるだろうか。

振り返り課題

　まず，内省が求められていた自身のレポートや日誌を見てみよう。次に，上記の内省の３つのカテゴリーのそれぞれにどのように対処しているか，また，３つのカテゴリーの強調の仕方にバランスがとれているか検討してみよう。留意しておいてほしいのは，記述するということは，検討した状況を再考するうえで不可欠な要素ではあるものの，それは選択的かつ正確に行われる必要があるということである。適切で関連した詳しい情報には価値があり，感情も重要

な洞察を与えてくれる可能性がある。

(1) 内省のレベル

　内省的な性質をもつ自己評価を行う際には，内省のレベルに関する説明が役に立つ。ケンバーら（Kember et al., 2008, pp.369-379）は，内省を評価するために「①習慣的行動，②理解，③内省，④批判的内省」という4つの段階的なカテゴリーを提唱している。

①習慣的行動

　専門家は，これまでに直面した数多くの日常のルーチン場面で習慣的行動をとる。学生は教えられた手順に厳密にしたがう（学生はその後，その意味を理解しないまま，レポートの中で資料として提示することがある）。

②理解

　上記の場合，この学生はテクニックや方略を理解していることは示しているが，まだ理論的な概念のままなので，それらを応用することは難しいだろう。レポートでの説明的な記述は，その学生が理解していることは示しても，その理解がどのように実践されるかということは示さない。説明だけでは，学生の実践的な取り組みの一部にはならない。

③内省

　内省するうえで，学生は，概念や考えを自分自身の経験に関連づける必要

がある。書くという作業において，考えは，学生自身の実践例と結びつけられながら適切に示されることになる。

④批判的内省

　批判的な内省とは，視点の変化や変容を意味する。実践が習慣的なものになったとき，批判的に内省することはより難しくなる。実践に慣れていない学生は，変化する可能性により開かれているが，そのためには，学生は自身の思いこみを認識し，それを批判的に見直す必要がある。

振り返り課題

　p.91の課題で用いた内省的な文章（レポートや日誌）を読み直し，できるだけ客観的に，内省のどのレベルに該当するか判断してみよう。もっとも適切な基準に基づいて判断すること。文章を段落ごとに分けて分析するとやりやすくなるだろう。

3．文体と文章構造を再検討する

　読者の中には，文章を構造化することに自信をもつようになった人もいるかもしれないが，本節では文章の構造化に自信のない人を対象に，文章をどのようにまとめるのかを見直すための方法を提供する。前述のとおり，文章に期待される構造は分野によって異なるものの，学生のレポートは一般的に，

序論と結論という枠組みをもつ。次節では，こうした構成要素の主要な特徴について見ていく。

(1) レポートの「序論」

　一般的に，序論では，レポートの中であなたが扱おうとすう内容を簡潔に述べる。自分で内容を選ぶような特定の指示のないレポートでは，何をあなたが選んだかを明確に述べることが必要となってくる。たとえば，「基礎教科における科目横断的な教授と学習の可能性についての批判的分析」というタイトルの後には，議論の焦点として1つあるいは複数の教科を選択すると説明する序論が続くことになる。序論では，その教科を選択した理由や，どの教科同士の横断的内容が対象となるのか，そして全体的な結論の要旨が述べられる。また，その学生が該当教科を教えた経験や教わった経験について，分析し，問いの対象となることが期待されるかもしれない。

　「学校で行った仕事の一側面が，自らの実践について問いを提起したことに対する自身の反応を内省する文章を提出しなさい」という指示に対し，次の学生は，自らのレポートのテーマが文化的包摂（cultural inclusion）であるということだけでなく，自身の実例を引いているところから，レポートにおいて批判的方法を用いているということについても明確に述べている。

　民族的にマイノリティ出身の子どもたちは現在，児童生徒の1割を占めている（Mohan et al., 2001, p1）。この事実に基づくと，私は，最初に配属された小学校の教育実習中に，文化的包摂実践の重要性とすべての文化を受け入れることの重要性を実感した。私が準備していなかったのは，英語に触れる機会がないままパキスタンからやってきたばかりの7歳の男の子を，私の担当する3年生のクラスに迎えることだった。

　本レポートでは，こうした状況に対処するうえで私の担当クラスの先生が行った実践について，肯定的な観点と肯定的でない観点の両方から分析する。次に，こうした難題に対する私自身の反応を自身が教えるという観

点から振り返る。そして，子どものための学習と教授法を向上させるために私ができたことや今後私が教育実習においてできることを検討する。

　すべてのレポートのタイトルが，このように自分である程度決められるわけではない。たとえば，「ICT（Information Communication Technology: 情報通信技術）が創造的な学習と教授法にどのように役立つか分析しなさい」というテーマは，そのままの指示であるため，提起された問題の初期段階における議論と文献から具体例をもってくる余地はあるが，内省を求めるものではない。したがって，個人的経験を求めるものではない。また，分野によって，特に実証主義的で科学的根拠を用いる分野においては，個人的な代名詞である「私」の使用を奨励しない場合があり，したがって，内省の例を用いることが求められない傾向がある。しかしながら，これは，学生が検討している問題について，自身の結論を述べることを避けるべきであるという意味ではない。

(2) レポートの「結論」

　一般的に受け入れられている結論の形は，レポートの中で提示した主要なポイントを要約するというものである。その際の注意点として，もし結論が，議論してきた洞察の蓄積から何か新しいことを言ったり，明らかにしたりしないのであれば，結論は無駄であるということだ。たとえば，「あなたが教えたことのある読み書きの授業をもとに，長所と成長点をそれぞれ2点あげて論じなさい」という問題に対し，ある学生は下記のように，レポート本文では明白に述べられていない新しいより一般的な見解をうまく述べている。この学生はレポートの中で，「私の授業は典型的な英国のリテラシーの時間（literacy hour）の枠組みにしたがっていなかったが，この授業にそれが必要であると私は感じていない。私は依然として（リテラシー指導方略：Literacy Strategyから）多くの目的を取り入れていた」という大きな見解へとつながる状況について述べてきた。しかし，おもな結論は本文中では控えていた。

結論部分は，下記のようなものになる。

> 英国リテラシー指導方略（National Literacy Strategy: NLS）は，私たち教師が子どもたちにナショナルカリキュラムによって定められた達成目標に到達する機会をどのように提供できるかについての指針であるが，推奨されているにすぎない。構造化されたリテラシー時間に正確にしたがうことが常に適切であるというわけではないだろう。しかしながら，それはすぐれた出発点であり，また私の意見では，それは本当に，「英国ではあまり使われていなかった方法で，教師が読み書きを教えるよう促すことによって，小学生の読み書きのレベルを実質的に引き上げた」（Beard, 2000, p.245）のである。重要なのは，子どもたちが潜在能力を十分発揮することができるように，子どもたちを援助する技術を決定する私たち自身の裁量を行使することなのである（Smith, 未発表, 2004）。

4．レポートのおもな内容を構造化する

あなたの大学の教育課程が職業人の育成をめざしている場合，教育課程の主眼は実践を展開していくことにある。こうした実践と関連づけられる学術研究の目的は，内省的で情報に基づくアプローチを促進させることである。レポートの要旨では，通常何かしらの理論的な考えがあなた自身が経験した具体例によって説明されることが期待される。もしこれが適切に行われていれば（つまり，理論的観点を曖昧で部分的にではなく，十分に説明していれば），あなたが内省しながら考えたことを示すことになる。一方，理論的な観点について議論したり，関連する文献を用いながら議論を裏づけたうえで，自身の経験を参照しながらその議論を説明することが期待されることもある。次の文章は，ある学生が，最初に創造性について理論的に述べたあと，自身の経験から例をあげているものである。

第7章　ライティングを分析する

> 　40年以上前に，プラウデン報告書「英国初等教育制度改革案」では次のように述べられている。「教育プロセスの中心には子どもがいる」。子どもが本当に中心であれば，創造性と独創性が最優先されなければならない。さもなければ，子どもは情報の受動的な受け手である……。
> 　私が初めて教育実習で学校の現場に入ると，遊びを通じた学びが促されているのは明らかだった……。教室の外の廊下には，現在の話題に関する本や他の活動を見つけられる場所がある（Evarett, 未発表, 2008）。

　この文章は，学生が自分自身の考えや理論を最初に展開することが奨励されているレポートでは逆の順序になるだろう。すなわち，この具体例は，まず能動的で独立した学びを促進する環境の例として分析される。そのあとで初めて書き手が読んでいる文献の他の情報源を参照する。

5．編集とチェックという事務的な仕事

　書いたものは読み直し，些細な誤り，流暢さ，意味をチェックしなければならないということはいうまでもない。残念ながら，学生の書いたものに対するフィードバックで非常によくある指摘は，誤字や文法上の誤りが多いということと，それらは注意深い批判的な読み直しによって改善されるということである。たとえば芸術家たちは，キャンバスに顔を寄せて詳細な作業をすることに一定の時間を費やす。すぐ近くで見ているときにはキャンバス全体との関連から部分部分を評価することができないので，キャンバスから離れて見たときに初めて，色のバランスがめちゃくちゃだったり，肖像画の鼻の角度が間違っていたりしていることが明らかになる。同様のことがライティングにも当てはまる。私たちは何かを書くことにしばらく時間を費やすと，しばしば最後まで書き終わることで満足し，読み直すということをしたがらない。しかしながら，（コーヒーか何かを持って）一歩下がって，書いたも

97

のに戻ろう。始めから終わりまで読み直そう。これは，あなたの議論が本当に首尾一貫しているかどうかを判断する役に立つだろう。また，各段落が始まりから明白な中心的テーマをもつように，段落分けに注意しよう。

事務的な仕事に対しても注意すべきことがある。コンピュータによるスペルチェックを行ったあとは，再度読み直しが必要である。というのは，スペルチェッカーは単に誤り（たとえば，makeと書くところをmakと書いていた場合）を検出するだけで，正しく使われていない言葉（たとえば，the letter was fromと書くべきところをthe letter was formと書いていた場合）は検出しないからである。こうした重要な確認を経て初めて，書いたものを提出する準備ができていると考えてよい。

本章のまとめ

あなたが学んだことを書くことによって示すためには，何が期待されているかを明確にし，それを文章の中で明白に述べる必要がある。そのためには，あなたは以下のことをする必要がある。すなわち，自分の文章の筋道を設定すること（序論）。他者の文献を引用したり，自分の理解に寄与する自身の経験を用いたりしながら，主題に関する考えの証拠を提供すること。自分の見解を支持する証拠に基づいた前提のうえに妥当な議論を構築すること。そして，結論を導くことである。分野によって，またあなたが取り組む作品の種類（レポート，ブログ，科学レポートなど）によって，用いられる言語，構造，文体は変わることはあるが，批判性を示すことが必要なのは共通しているだろう。

レポートの序論は，読み手が文章のおもなテーマが何であるかを知ることができるようなものにしよう。興味深い特徴や一般的な主張を結論のために確保しておこう。編集とチェックという重要な事務作業のための時間を見込んでいるか確認しよう。注意が足りないと，あなたの文章は専門的でない

ようように見えてしまう。不適切な文章構成や誤字，文法の誤りはあなたのレポートを読みにくいものにし，その結果，議論の流れに影響を与える。これは，評価対象となる学習成果に関してあなたが示しているレベルを判断する評価者の能力に影響する。この点については，ちょうど批判性を評価するという次の問題へと導いてくれる。すでに批判的思考を構成するスキルや特性を正確に定義するという難題については検討してきたので，次の大きな難題は，これらのスキルを文章の中でいかに認識するか，そしていかに評価するかということである。次の章では，この点について述べる。

引用・参考文献

Beard, R.(2000). *Developing Writing 3-13*. London: Hodder and Stoughton.

Boud, D., Keogh, R., & Walker, D.(1985). *Reflection: Turning experience into learning*. London: Kogan.

Dewey, J.(1933). *How We Think*. New York: D. C. Heath.（植田清次（訳）(1950). 思考の方法　春秋社）

Kember, D., McKay, J., Sinclair, K., & Kam Yuet Wong, F.(2008). A four category scheme for coding and assessing the level of reflection in written work. *Assessment and Evaluation in Higher Education, 33*, 369-379.

Mohan, B., Leung, C., & Davidson, C.(2001). *English as a Second Language in the Mainstream: Teaching, learning and identity*(pp. 200-201). London: Longman.

第 **8** 章

批判的に評価する

　本章では，他者の成果を評価する際に必要な批判的思考スキルの使い方について見ていく。また，学習者が書いたレポートや論文に批判的思考の形跡があるかどうかを，どのように識別したらよいかについても検討する。

　これまでの章では，自分自身を批判的に評価するにはどうしたらよいかということについて見てきた。しかし，実際には，他者が書いたものに評点をつけることの方が難しい問題である。なぜなら，他者が書いたものに何かしら期待していると自分で認識しているからである。学習者に批判的に書くことを期待しているならば，単に「知識」を評価するのではないということ，すなわち，学習者が獲得した情報だけでなく，学習者がどのようにその情報を総合し，主張や結論を伝えるためにその情報を用いているのかを評価しているということを心に留めておくことが重要である。

◀　◀　◀　◀　**本章の目標**　▶　▶　▶　▶

この章では，次のことを理解する。

□ 他者の成果物を評価するうえで役立つ適切なルーブリックを用いる，作成する。
□ 他者の成果物の中にある批判的思考スキルを認識する。
□ 他者の成果物における批判的思考を確実に評価する。

1. 批判的に評価する

　評価の準備をするとき，通常，学習者の学びを促進し，その学びから期待される成果を示すことができるようにする。雇用者側は批判的に考えることのできる働き手を切実に求めているが，本書を通して見てきたように，批判的思考に関連するスキルや性質は，とりわけ情報リテラシーのスキルの育成と批判的に書くスキルの育成を通して伸ばすことが可能である。こうしたスキルを評価するためには，次のことが必要である。

　　　□このような活動を促進する適切な評価課題を考案する。
　　　□最終的に完成した課題に自分が何を求めているのかを正確に理解する。

振り返り課題

　次のレポート課題のうち，学習者の批判的思考スキルを促進させる可能性がもっとも高いのはどれか。その理由も述べなさい。

　『大いなる遺産』［訳者注：原題 *Great Expectations*。英国の文豪チャールズ・ディケンズ（1860-1861）の長編小説］に対して批判的なレポートを書きなさい。

　『大いなる遺産』のあらすじを述べなさい。

　『大いなる遺産』における囚人マグウィッチと主人公の孤児ピップの性格を比較し，違いを述べなさい。

第8章　批判的に評価する

　この課題は非常に単純化したものであるが，評価において学習者は何を示すことが求められているのかを正確に理解することの重要性を示している。課題と直接関連した学習成果だけでなく，学習者が獲得すべき特定のスキルによって評価される。たとえば，課題のテーマが何であれ，学習者は批判的思考に関連するスキルの一部またはすべてを示す必要があるだろう。学習が進むにつれて，学習者はそのスキルをより示すことができるようになると期待される。

　このことから，カリキュラム全体で批判的思考を育成することを考慮したり，カリキュラムのどこでそのような機会を設けるのかについて検討することが重要な問題となってくる。本書の第1章では，批判的思考はさまざまなスキルや特性から構成されていること，また，そのスキルは直線的に発達するというよりは，問いや課題によっては特定のスキルが他のスキルと比べてより頻繁に用いられるということも述べた。したがって，たとえば，分析や解釈を行う前に，どのスキルが重要であるかをどのように決めたらよいのか，また，状況をどのように記述し説明できるかについてよく知っておくことが大切である。このような理由から，こうした（メタ認知的な）スキルは学習サイクルの初期の段階で優先的に育成されるスキルであるといえるかもしれない。それゆえ，この段階でどの課題も取り上げるべきなのはこうしたスキルだろう。

　評価を設計したあとは，評価するものは何で，またどのように成績をつけるのかを評価者が理解することが必要になってくる。学習者もこれを理解することが重要である。このように伸ばすべき大事なスキルの評価を通して，学習者は自身の学びに集中することができるようになる。これらのことは，たとえば科学における事実を記憶したり歴史上の出来事を思い出すことだけできればよいのであれば簡単に聞こえるであろうし，実際容易だろう。しかしながら，最大限に批判的思考スキルを示すことが求められる場合ははるかに難しくなる。

103

2．批判性を認識する

　学習者に批判的思考に関連するスキルの一部またはすべてを課題の中で示すよう期待するならば，学習者がそうできるように課題をデザインする必要がある。しかし，この場合，提出された課題の中からこれらのスキルを評価者（あなたかもしれない）が認識する必要がある。学習者にとっては，批判性を示すことによって評価者が要求しているものを満たしているかどうか判断できるようになることもまた重要である。では，書かれたものから批判性を認識することはできるだろうか。

振り返り課題

　本課題では，3つの報告書からの抜粋を用いる。それぞれに目を通し，文章の中にどのスキルが示されているか判断してほしい。批判的思考がもっとも強く示されていると思われる箇所を見つけてみよう。

　科学実験の演習授業で事故が起こり，1人の学生がケガをした。事故の調査のために，その場にいた人たちは報告書の提出を求められた。これらの報告書はおそらく正式な調査が必要かどうかを判断する材料となるだろう。

　次の文章は，①大学院生のティーチングアシスタント，②技術補佐員，③講師が書いたものである。

①私はその実験のティーチングアシスタントをしていました。前日に，講師から実験に関するプリントを渡され，実験について理解しているか，何か疑問があるかを尋ねられました。その実験はとても単純そうなものでしたし，学部生の頃に同じ実験をしていたので，学生がすべきことは理解できていると感じました。実験は約1時間行われており，ほとんどの学生は予定通りに作業していました。私は教室を巡回しながら，質問に答えたり，学生が実験を正確に行っているか確認していました。突然，大きな悲鳴が聞こえたので，学生が集まっている場所に急いでかけつけました。1人の女子学生が自分の手を握りしめていました。血が周りに飛び散ってい

ました。私は大声で講師を呼び，彼に引き継ぎました。一方で技術補佐員は，集まってきた学生に対して，自分の持ち場に戻って作業を続けるようにと言いました。そのため，私はふたたび教室を巡回することにしました。ケガをした学生に何が起こったのかはわかりません。それに，事故の報告会にも参加できませんでした。

②その事故は9月13日に起こりました。生物学入門で，最初に実験演習を行う日でした。実験は古典的なものの1つで，学生はジャガイモを同じ長さに切りそろえ，4つの試験管に1つずつ入れます。試験管の中には濃度の異なる殺菌された生理食塩溶液が入れられています。試験管を室温で1時間放置した後，学生はジャガイモの断片を取り出し，その長さを測ります。そして，この測定結果から，溶液の相対的な強さに関する情報を導きます。溶剤はCOSHH（Control of Substances Hazardous to Health：有害物質管理規則）に基づいて安全性が評価されています。実験での仕様に特別な対応は必要ありませんでした。溶剤がこぼれた場合の対処法について書かれた書類のコピーを学生全員に配布し，それを読み，理解したうえで署名をするよう求めました。また，学生は実験中には白衣とプラスチックの手袋の着用が義務づけられていました。講師によるデモンストレーションの後，学生たちはペアになって実験の作業を始めました。大学院生のティーチングアシスタントが教室を巡回していましたが，学生たちがしている作業にしっかりと注意を向けていませんでした。私は，ある上級生グループが作業に集中できていないことに気づいたので，もっと注意深く作業するようにと言いましたが，気に留めていないようでした。この状況では，潜在的なリスクが高いと感じました。そのため，このグループがジャガイモを切っているときに，片方の学生がもう片方の学生をつついていたのを，ちょうど見ていたのです。メスが滑って学生の指を切り，指からは大量に出血し始めました。作業台の反対側にいた私は，大声でその学生に切ったところを押さえて止血するように言い，講師を作業台に呼びました。講師は何をすべきかわかっている様子でしたので，学生の傷への対処は彼に任せ，自分は血で汚れた場所を掃除するのがもっとも良いと判断しました。HIVや

肝炎の状態がわからない血液が流出した際は，すぐに掃除をして感染のリスクを防がなくてはならないという規定のことで頭がいっぱいでした。私は，吸水性のある紙で血液を吸い取り，消毒液（抗ウイルス性のVirkon）に浸しました。現行の健康と安全に関するガイドラインにそって作業台を安全に清掃できたことを確認したので，大学院生のティーチングアシスタントに，学生たちにメスを使う際には集中するように警告をしたうえで作業場に戻らせるようにと伝えました。私は，講師が学生の処置をしていたとき手袋をしなかったことに気づき，感染のリスクがあると判断して，慎重に手袋を渡しました。よく考えてみると，ジャガイモを切る際には，学生たちを1つか2つの作業台に集めたほうが良かったかもしれません。そうすれば，私たちはより学生たちを注意深く見ることができたでしょうし，周りとふざけることをやめさせられたでしょう。また，実験室における血液感染のリスクを学生たちに認識させておくことは，このような事故の再発に対する有効な予防策になるかもしれません。

③事故が起こった実験演習は，生物学入門の授業の1つでした。私はその授業の責任者を5年間務めています。5年間この演習を続けてきましたが，このような事故が起きたのは初めてです。この実験は，学生が浸透圧に関する理論的な知識を実験室で実際に得られた結果を解釈できるように計画されています。この実験は，20人の学生が2人1組になって行います。学生は自分で相手を選びます。20人の学生の内，12人は女性で8人が男性でした。また，13人が民族的なマイノリティでした。実験には，10年以上大学に勤めており演習経験もあるベテランの技術補佐員と，実験の授業を手伝うのは今回が初めての大学院生のティーチングアシスタントがいました。実験では，学生たちはジャガイモを切って，異なる塩分濃度の溶液を試験管に入れます。それらを一定時間室温に置いた後，ジャガイモの細片を取り出し，配られた測定器具を用いてその長さを測ります。そして，その測定結果を浸透圧に関する知識を用いて解釈し，生理食塩溶液の相対的濃度について結論を導くという流れになっています。私は，授業のはじめにこの実験のデモンストレーションを行い，ジャガイモを切るときには，慎重

第8章　批判的に評価する

にメスを使わなければならないと強調しました。事故を目撃してはいませんが，技術補佐員に呼ばれるとすぐにかけつけ，学生の傷口の止血を行いました。応急手当をする訓練を受けてきたので，その知識を使って事故への対応を行いました。ケガをした学生には，きれいな水で指を洗うように言い，殺菌されたガーゼで傷口を押さえました。しばらくすると血が止まったので，傷口にばんそうこうを貼りました。この時点で，ケガをした学生には，実験の結果を観察するために演習に戻る許可を与えても安全だと判断しました。しかし，また傷口が開く可能性があったので，作業はさせませんでした。私はこれまでに何度もこの演習を行ってきましたが，事故が起こったのは初めてです。しかし，メスを使うときにケガをするリスクはきわめて高いので，リスクを減らすよう実験の準備として健康と安全に関する資料を読んできました。今になって考えてみると，ジャガイモをまえもって切っておくか，私たちの目が届くように学生たちを1箇所に集めてジャガイモを切らせたほうが良かったのかもしれません。

　これらの報告書のうち，もっとも批判的思考を示しているものを選ぶとしたら，あなたはどのようにして選ぶだろうか。第1章で述べたような規準（すぐれた批判的思考者として実践する必要のあるスキル）は用いただろうか。表8．1は，各規準（スキル）が報告書の中でどのように示されているかについて解説したものである。

107

振り返り課題

表8.1を用いながら，上記の課題（3つのレポートを考える課題）の結論を再検討しよう。同じ結果になるだろうか。もし，同じ結果にならないとしたら，それはなぜだろうか。

3．規準に基づいた評価

批判的思考の評価については，どの教育システムでも標準化されたプロセスというものはないが，北米や一部の学問分野では，規準に基づくルーブリックが批判的思考のスキルの表出を評価するために用いられている。ルーブリックの一例として，下記のようなものがある。

"How to use the holistic critical thinking scoring rubric"

http://npiis.hodges.edu/IE/documents/forms/Holistic_Critical_
Thinking_Scoring_Rubric.pdf

このルーブリックは，第1章で紹介した調査を実施したファシオネとファシオネ（Facione & Facione, 1994, 2009）が開発したものである。彼らは，きわめて当然のこととして批判的思考スキルはそれぞれ個別に評価されるようなものではないということを指摘している。また，学生は科目についての知識や専門的能力，実践的な応用力を示すことも期待されているため，評価者は批判的思考に関連するものだけでなく，すべての学習成果に照らしてパ

フォーマンスを検討することが重要である。その他の問題として，どのルーブリックにも解釈の入る余地があるという点がある。そのため，すべての評価者がルーブリックを同じ方法で解釈できるようにする必要がある。たとえば，ワシントン州立大学では，評価項目をリストにまとめたルーブリックを用いており，評価者たちは学生のレポート等を1から6までの尺度で評価することになっている（Rutz et al., 2012）。たとえば，尺度の中から「4」をつける際は，評価者たちが同じ意味で用いるということが重要である。評価

表8.1 ファシオネとファシオネ(Facione & Facione, 2007)の規準を用いた批判的思考の評価

規準	応用例
解釈	解釈とは，読んだことや観察したことに関して，あなたが何を理解したのかを示す部分である。したがって，前述の振り返り課題の例において，事故に関する認識を示すためには，何が実際に起こったのか各人の視点から詳細に記述する必要がある。事故の報告では，関係者たちが起こったことをどのように理解しているのかが示されている。
分析	分析では，問いや課題を構成する各要素を詳細に吟味する。これにより，情報やデータから意味を見つけ出す試みが可能になる。したがって，上記の例においては，3人がそれぞれ観察した重要なこととは何か，ということになる。3人は，事故について何を伝えているだろうか。彼らの報告は，何が起こったと伝えているだろうか。
評価	情報（この例では，3人の目撃者の事故に対する認識）を選んだあとは，それを評価する必要がある。目撃証言はすべて一致しているのか，それとも矛盾があるだろうか。矛盾があるとすれば，どの証言がもっとも信用できそうだろうか。また，それはなぜか。報告者たちは，自分の報告をより信頼できるもの，あるいは正確なものであることを示すために，裏づけとなる証拠を提示しているだろうか。
推論	推論は批判的思考プロセスの一部であり，新たな理解を生み出すために，既有の知識と発見した知識を統合するものである。上記の事故の例において，あなたは評価・分析した結果として何が起こったと推論するだろうか。このような環境で働いた経験がある人は，言明から得られることを解釈する際にその経験が役立つかもしれないが，解釈にバイアスがかからないよう気をつけなくてはならない。
説明	推論を明確かつ筋道立てて説明するためには，聞き手にあなたの考えを平易でわかりやすく伝えることに長けていなければならない。検討，評価，推論を実行したら，次は事故について自身の判断を下し，結論を導き，提案を述べることになる。その際，結論の根拠となる明確な前提を提示することが重要である。
メタ認知	批判的思考の難しさの1つに，思考に気づくこと，すなわち，自分自身の経験やバイアスが結論の導出にどのような影響を及ぼしうるのかを理解することが求められるという点があげられる。上記の例では，関係者3人に対する個人的なバイアスがあなたの判断や提案に影響しないようにすることが重要となる。

者間で評価の基準を一致させるためには，評価者の育成と訓練が必要である。
加えて，とりわけ専門的な演習科目では，1人の学生のパフォーマンスを複
数で評価するために，評価者間の信頼性が受講者全体に対して求められると
いうことがよくある。このことは，全体的なコンセンサスのないものを用い
て評価することの問題や課題に注意を促す。異なる評価者や異なる学問分野
にいる評価者たちは，どのスキルが批判的思考を示しているのかについてま
ったく異なった考えをもっている可能性があるからである。

　上述の規準以外のさまざまな評価の枠組みやルーブリックについては，本
章末の参考文献で紹介する。それぞれの内容を確認しながら，自分自身の学
問分野や実践領域に合うものを調べてみよう。

4．ブログや Wiki の批判的思考を評価する

　ブログや Wiki などのメディアを用いて書かれている情報の中の批判的思
考スキルを診断したり評価する際には，さらなる課題がある。ブログは，学
習者の批判的思考スキルが一定期間にわたってどのように向上したのかを観
察する 1 つの機会にはなるものの，学習者の批判的思考スキルがどこまで発
達したのか，その全体像を反映していないかもしれない。そのため，ブログ
をもとにした評価を行う際には，学習者に自身の進捗状況や意見の発展を確
認できるような内省的な手段を促すことが重要である。そうすることによっ
て，学習者が批判的思考がどのようなもので，どのように実践できるのかを
正確に理解できるようになる。

　Wiki は，グループ学習やプロジェクト学習でよく利用される。評価者に
とって，個々の学習者の成長を追う難しさはブログと比べると高い。したが
って，Wiki の更新履歴を細かく見たり，学習者 1 人ひとりの貢献を見るこ
とが必要となる。繰り返しになるが，他者との協働学習を通して得られた知
識や理解について，学習者に批判的な振り返りをさせ，最後に自己評価をさ

110

せる必要がある。そうすれば，学習者に学んだことを根付かせ，批判的思考が具体的には何から構成されているのか理解する助けとなる。

5．標準化された批判的思考テストの使用

　個人の批判的思考スキルを評価するために設計された，広く用いられている標準化されたテストは複数ある。これらのテストは大学や企業内で，学生や社員の批判的思考スキルのレベルを判断するために用いられることもあれば，入社を希望する組織に志願者のスキルが適しているかを判断するために利用されることもある。また，学生の批判的思考を高めるための教育的介入が成功したかどうかを判断するために，介入の事前事後でテストを行うこともある。批判的思考テストとしてもっともよく知られているものは2つある。1つは，ワトソン・グレーザー批判的思考テスト（Watson-Glaser Critical Thinking Appraisal）で，推論，前提の認定（recognition of assumption），演繹，解釈，論証の評価という5つのスキルを測定するものである。もう1つは，第1章で紹介したファシオネらの調査に基づくカリフォルニア批判的思考スキルテスト（California Critical Thinking Skills Test）である。これらのテストはさまざまな一連の質問や課題から構成されている。最終的に算出された合計得点は，大きな標準母集団（すなわち，特定の人口統計に合致した大規模な人数のテスト結果）と比較される。こうすることで，個人の批判的思考能力が測定される。これらのテストは特定の学問分野に特化されていないため，専門分野での学習を他の文脈に転移させる能力をより明確に示すものと考えられている。しかし，このようなテストは専門的な解釈が必要であり，制約があるということも忘れてはならない。

本章のまとめ

　批判的思考を評価するためには，次の2点を理解する必要がある。1点目は，評価者はどのような批判的思考を学習者に期待しているのか，ということである。2点目は，特定の専門領域において，学習者はどのように批判的思考を発揮するのだろうか，ということである。評価を行うときに役立つ複数のフレームワークやルーブリックがある。ただし，既存のフレームワークやルーブリックがあなたの領域に適用できるかどうか，それとも修正の必要があるのか見極めることが大切である。また，成果物の中の批判的思考を採点する方法について，評価に関わっている者全員が共通理解をもつようにすることも重要である。評価者間のばらつきを軽減する1つの方法は，複数の評価者を配置して評価者間と評価者内の信頼性を見極めることである。最後に，批判的思考スキルを評価するために，特定の分野に特化されていない標準化されたテストを用いることもある。ただし，これらのテストは訓練を受けた評価者によってのみ解釈可能で，高い信頼性をもつ者に限り利用できる。

〰〰〰〰 引用・参考文献 〰〰〰〰

Angelo, T. A. (1995). Classroom assessment for critical thinking. *Teaching of Psychology, 22*, 6-7.

Bell, A., Kelton, J., McDonagh, N., Mladenovic, R., & Morrison, K. (2011). A critical evaluation of the usefulness of a coding scheme to categorise levels of reflective thinking. *Assessment and Evaluation in Higher Education, 36,* 797-815.

Facione, P. A. & Facione, N. C. (1994, 2009). *How to Use the Holistic Critical Thinking Scoring Rubric: Insight assessment.* San Jose, CA: California Academic Press.

Facione, P. A., & Facione, N. C. (2007). Talking critical thinking. *Change: The Magazine of Higher Learning, 39*(2), 38-45.

Fry, H., Ketteridge, S., & Marshall, S. (2000). *A Handbook for Teaching and Learning in Higher Education.* London: Kogan Page.

Rutz, C., Condon, W., Iverson, E. R., Manduca, C. A., & Willett, G. (2012). Faculty professional development and student learning: what is the relationship? *Change: The Magazine of Higher Learning,*

44, 40-47.

━━━━━ ウェブサイト ━━━━━

http://faculty.education. illinois.edu/rhennis/tewctet/Ennis-Weir_Merged. pdf（accessed 4 February 2013）：
エニス・ウィアー批判的思考エッセイテスト

http://npiis.hodges.edu/IE/documents/forms/Holistic_Critical_Thinking_Scoring_Rubric.pdf（accessed 25
January 2013）：ファシオネ夫妻が設計した批判的思考スキルを評価するルーブリック

https://www.barstandardsboard.org.uk/media/1344440/watsonglaser_form_ab_example_questions.pdf
（accessed 4 February 2013）：ワトソン・グレーザー批判的思考テストの問題例

www.insightassessment.com/Products/Critical-Thinking-Skills-Tests/California-Critical-Thinking-Skills-
Test-CCTST（accessed 4 February 2013）：ファシオネ夫妻の研究に基づくカリフォルニア批判的思
考スキルテスト

第 9 章

批判的思考のコミュニティ

　本章では，他者と協力していく中で批判的思考のスキルを高める方法について検討する。協力して効率的に作業をこなすためには，さまざまなスキルが必要とされる。これらのスキルの中には，協働する経験に取り入れていく必要があるものもあれば，経験を積み重ねることによって伸びていくものもある。

◀　◀　◀　◀　**本章の目標**　▶　▶　▶　▶

この章では，次のことを理解する。

□ 思考力を伸ばすうえで，他者とともに活動する価値を認識する。
□ 協働的に活動するためにさまざまなスキルを活用する。
□ 他者の学びに貢献する。

Ⅰ．協働的に活動する

アンジェロ（Angelo, 1995, p.1）はこれまでの批判的思考に関する研究を展望する中で，次のような広い合意があると述べている。大学生は，(a) 能動的に活動していたり，個人的に一所懸命になっているとき，(b) 理解可能でかつ適切なタイミングでフィードバックを受け取ったとき，(c) 仲間や先生と協力しながら活動しているときに，よりよく学ぶ。

しかしながら，クーパー（Cooper, 1995）は，次のように述べている。協同学習（cooperative learning）に関連する研究は数多くあるにもかかわらず，協同学習が学生の批判的思考改善とどのように因果的に結びつくかという証拠については明確ではない。おそらくこれは，批判的思考が実際にどのように構成されているかについての合意が一般的に不十分であることや，批判的思考スキルの発達に焦点を当てた評価を行うことがかならずしも一般的に実践されていないためであろう。しかし，ある問題についてグループで議論することによって，異なる背景知識を土台とした幅広い視点をもつことになり，それがより明確な理解をもたらし，結果的に情報をよりよく解釈し統合することにつながることもある。

多くの学習プログラムには，個別ではなく，他者と協力して学ぶ機会が含まれている。学習者たちは，グループとして行う必要のある調査を課題として出されるかもしれないし，グループでのプレゼンテーションを通して自分たちの成果を伝えるよう求められることもあるだろう。多くの学習者にとって，これは新しい経験であるかもしれない。1人で勉強するところから他者と一緒に働く方へシフトするには時間がかかる。明らかに，良い機会であると同時に緊張した状態が生まれるだろう。そこで，学習者全員が学ぶ最高の雰囲気をつくるうえでこのような緊張状態への対処方法について考えることには価値がある。

第9章　批判的思考のコミュニティ

| 振り返り課題 |

これまでのあなたの教育環境を振り返ってみよう。

□誰かと協働で活動する機会はどのくらいあっただろうか。あなたはグル
　ープ内でうまくやったと感じているだろうか。なぜそのように感じてい
　るのだろうか。
□協働で活動することが効果的であると思ったことはあるだろうか。もし
　そう思うなら，どのように効果的だっただろうか。そのような経験は，
　あなたが1人で活動した場合と比べてどのように異なっていただろうか。
□協働で活動する予定はあるだろうか。もしあるとすれば，活動の内容と
　協働する理由を考えてみよう。

2．学びの共同体

　協力して学習するにあたって，私たちは互いに頼り合い，より効果的に何
かをするためにチームとして活動する必要があるという潜在的な認識を活用
することになる。あるテーマについて知っておくべきすべての知識を持ち合
わせていたり，ある課題を達成するために必要なすべてのスキルを持つこと
は誰もできない。私たち1人ひとりが，自身の人生の経験や，価値観，視点
を，課題を達成するために持ち寄るのである。

　教育的な文脈の中では，協働的な活動をするにあたって，全員がある類似

した枠組みの中で活動しているという前提がある。全員が似たような課題に取り組もうとしているようなものだ。したがって，課題に対して一緒に考えるということは理にかなっている。ともに活動するグループのメンバーは，それぞれの経験，学習，文化を持ち寄る。メンバーの中には，特定の領域の専門性をもっている者がいたり，異なる教育的，文化的背景をもつ者がいるかもしれない。その結果，彼らが異なる視点をグループにもたらすことが考えられる。協力して活動することによって，これらの経験や専門性をメンバー同士で共有し，グループ内で他のメンバーから学んだりする機会が生まれる。

練習問題

自分の専門領域に関連する問題や問いを1つ考えてみよう。そして，あなたが共同研究グループに提供することのできる経験や知識，洞察，技術，価値観，態度をリストにまとめてみよう。

これらのことを，いつ，どこで獲得したのか特定してみよう。リストに欠けていて，他の人が埋めるかもしれない重要な点は何か，考えてみよう。

3．協働的な活動において解決すべき問題

チームワークが上手な人たちについて耳にすることが時々あるだろう。チームワークが上手な人とは通常，ある環境で協力して働くことが上手な人の

ことを指し示している。しかしながら，このような活動方法に課題がないわけではない。私たちの中には，実際に心地よく協力し合える者もいれば，逆に協力し合うことに自信をもてない者もいる。課題に取り組む際は自分の力で行うことに慣れている者は，個別に働くことを好むかもしれない。このような場合，協働することに抵抗感をもつかもしれない。自分のことを信頼するようにグループの他のメンバーを信頼できるか確信をもてないからである。信頼は，グループの中で働く際に間違いなく重要な点である。他のメンバーがそれぞれの役割を果たすだろうとあなたは信頼しなければならないし，他のメンバーもあなたのことを同様に信頼しないといけない。

　一方，協働で活動することの利点の中には，短所としてみなしうるものもある。たとえば，私たち1人ひとりが違う視点から物事を見るということは，私たちが特定の事柄について同意しない可能性があることも意味する。また，仕事を分担することは利点であるかもしれないが，それが利点となるのは，与えられた時間枠の中で期待されていることをグループのメンバー全員がこなした場合のみである。協働的な活動を始めようとするときは，これらの課題を意識しておくことが重要である。そうすれば，潜在的な困難を予測し，うまくいけばそれらを最小限にすることができるからである。

実践課題

　ノートの中央に線を引き，左右に，協働的に活動することの長所と短所をそれぞれ書き出してみよう。それらの課題をどのように乗り越えることができるか，グループで議論してみよう。

次に，協働学習（collaborative learning）へのアプローチについていくつか見ていく。

4．アクションラーニング

「アクションラーニング（action learning）」「アクションラーニングセット（action learning sets: ALS）」は，文学の学習や教育で広く用いられている用語である。アクションラーニングは近年かなりの人気を得ており，継続的な職能開発活動においてしばしば用いられる。

アクションラーニングの概念は1998年にレヴァンスによって提唱されたもので，組織内での学びの共有を改善する手法として考案された。アクションラーニングは，学んだことを仲間同士で共有し，他者の学びにそれを活かすという協働的なアプローチを促す方法として価値があるとみなされている。

アクションラーニングは，期待される効果によって複数の仕方があるが，本章の目的にそって，学生が類似したプロジェクトに取り組んでいる他者との協働活動において，批判的思考スキルを伸ばす方法を提供するアクションラーニングに焦点を当てる。アクションラーニングのねらいは，より効果的に物事を実践に移せるよう，個々人の思考力を育成することにある。したがって，思考とアクションはどちらも同様に重要なものである。アクションラーニングでは，決められた期間，時には3ヶ月程度，定期的にグループで会合を開き，それぞれの取り組みや考え，問題点を共有する。

アクションラーニングの参加者たちは，自分の経験を他者と共有するプロセスを通して，それまでの経験を再評価する。参加者たちは，特定のトピックや課題について，自身の認識や見解を述べる。参加者たちはそれぞれ異なる学術的・経験的学習をしてきているので，自分たちの知識や理解を明確にするためには，参加者1人ひとりが批判的思考スキルを使う必要がある。これにより，参加者たちの多様な知識や背景を統合的に理解することができる

ようになる。グループは, アプリシエイティブ・インクワイアリー(appreciative inquiry: AI)(情報提供者がそのトピックや課題について異なる面から考えることを促すような質問, それによりさらなる理解や洞察を活性化させる質問[訳者注：p.124参照])のプロセスを通して, 各メンバーからの情報に反応することが求められる。たとえば, アフリカでの飢餓の根本的な原因は何か, という問いについて考えてみよう。医療従事者は, AIDSが若い健康的な男性の数を減らし, それによって労働力が激減したためだと言うかもしれない。一方, 教育関係者は, 農業を発展させる専門知識を提供する教育が十分受けられないからだと考えており, 飢餓の原因について考える際は教育の役割について検討するよう求めるかもしれない。

　アクションラーニングでは, 自身の経験を新たな方法で見たり解釈することに開かれていること, 他者の視点を歓迎し, 自分自身の仮定を再検討することを重んじることが奨励される。それにより参加者たちは, 考えを明確化し, ある分野での興味を支える本当の関心を絞り込むことができるようになる。

(1) アクションラーニングを設定する

　アクションラーニングは通常4〜7人で構成される。これは, 多彩な観点からの発言を確実に得られるには十分で, 参加者が貢献する機会を妨げるほど多くはない人数と考えられている。参加者たちは通常は共通の関心をもっている。つまり, グループメンバーは互いが活動している文脈をよくわかっている。

　アクションラーニングを実施する際に考えるべきことは多くある。実践的なこと, およびより基本的なことの例を下記に示す。

　　□メンバーは, 互いをよく知っているべきか。それとも, まったく知らない人で構成すべきか。

□ジェンダーや国籍，年齢のような属性はグループ内で標準化されるべきか否か。

□参加者全員が特定の時間や場所に集まることは可能か。

□実際に会ってミーティングを行う必要があるか。あるいは，インターネット上で集まることは可能か。

□グループの構成は，参加者自身で選択するべきか。あるいは，割り当てられるべきか。

振り返り課題

　アクションラーニングを用いて取り組みたい問題を考え，構成員を決める際に影響を与えるすべての問題を考慮しなさい。それぞれの案の利点，欠点は何か。

---

(2) 実施にあたって考慮すべきこと

　アクションラーニングの開始にあたって，メンバーたちはまず一緒に活動することによって何を達成したいと考えているかを確認する必要がある。これは，グループが関心を共有しているかや，グループの構成が友達グループなのか，同じ専門分野なのかといった，特定の規準に基づいているかどうかによって異なる。

　メンバーたちは，類似した材料を読んだり，実践的な文脈において類似した方略を試したりしながら，同じ問題について考えをめぐらせることになるので，ともに関心を共有することは非常に重要である。しかし，メンバーそ

れぞれが異なる課題に取り組むような場合におけるアクションラーニングの利点は、グループのメンバーが異なる視点を持ち込むことができるという点にある。

アクションラーニングのメンバーは、参加者全員が期待するところを理解し、どのように取り組む計画なのか、いつどこで会い、効果的に作業するためにはどのようなルールにしたがうべきかについて意見を一致させる必要がある。プロセスの初期段階において、グループで一緒に活動するためのガイドラインをつくった方がよい場合もある。もしグループメンバーがそのガイドラインにしたがわなかった場合どうするかということについて検討しておくこともある。たとえば、ほかのグループメンバー全員でそのメンバーに対応するのか、あるいは特定の人が任されるのか。実際に、参加者それぞれに何らかの役割を与えることを決めるかもしれない。アクションラーニングでは、グループの外部にいる人を第三者的なファシリテーターとする場合もあるし、グループ内でそれを行う場合もある。また、書記やディスカッションリーダーを任命する場合もある。これらの役割は明確にする必要があるが、週替わりで役割を交代することもある。

アクションラーニングの目的とルールを定めたら、メンバーたちはもともとの興味関心がある領域をグループ内で共有するよう求められる（ミーティングに先立って、これに対する準備が求められることもある）。ミーティング中アクションラーニングのメンバーたちには、グループで取り組む問題の範囲を設定するために、自分たちの論点や関心を共有する機会が与えられる。

ミーティングでは次のようなことが行われる。

□前回のミーティングでとった議事録を振り返る。
□グループで設定した課題を共有する。
□1人、または複数人の課題に焦点を当てる。
□グループ全体にとって重要な問題について議論する。
□メンバーの数名または全員の進行状況について質問する。

□口頭または文書でメンバーにフィードバックをする。
□ミーティングの記録をとる。
□次回のミーティングまでにやってくることを設定する。
□次回のミーティングの議題を決める。

　ミーティングの終了時には，次回のミーティングに向けて各個人がやってくることを決めておく必要がある。

(3) 効果的なアクションラーニングのために重要なスキル

　ここまで，アクションラーニングでの効果的なコミュニケーションの役割について述べてきたが，効果的に聞くスキルも同様に重要であり，そのスキルを向上させることはこのプロセスに欠かせない。聞くスキルとは，相手が話している途中で自分の話を始める衝動や，グループのメンバーが次に何を言うか予想しようとしたり，すぐに自分のエピソードに話をもっていったりする衝動に耐えることである。単に人が言っていることを聞こうとするだけでなく，その言葉の裏にあるものにも耳を傾ける能動的に聞くスキルを用いることである。また，話し手が考えられるように静かな間を設けたり，言いたいことを言い終えるまで邪魔されない十分な間をとることも含まれる。

　効果的なアクションラーニングにとって，質問をするスキルも非常に重要である。質問には，明確化を求めたり，前提を明らかにしたり，矛盾や誤った推論に疑問を投げかけることが含まれる。決めつけた言い方はするべきではない。たとえば，「それで，あなたが意味するのはこういうことですよね」という質問は，話し手が言ったことに対する自分の解釈をグループに押しつけており，その後の相互作用を止めてしまう。このようなクローズドクエスチョンよりも，回答者が問われていることについて詳しく説明し，その問いに対する見解を共有できるようなオープンクエスチョンの方が望ましい。AI（appreciative inquiry；肯定的探究）［訳者注：AIまたはアプリシエティブ・インクワイアリーとして原語のまま使われることが多い］を実践することは良いアプローチ

である。「肯定的探究」とは，何がうまくいかないかや何が問題の原因となっているかを考えるというよりも，問題を解決するために何をするとうまくいくのかを検討する方法である。ここでの質問は，ポジティブなアプローチを引き出しつつ，間違っていたことに拘泥しないような言い回しが用いられる。

アクションラーニングで用いられるオープンクエスチョンの例として，次のものがあげられる。

□〜によって意味することを明確にして（もう少し説明して）もらえますか。
□〜というのはどのような意味ですか。それはなぜ重要なのでしょうか。
　どのように重要なのでしょうか。
□〜という用語はどのように定義されますか。
□〜の例をあげてもらえますか。
□〜について異なる解釈をすることは可能でしょうか。
□どうして〜といえるのでしょうか。〜の根拠は何でしょうか。
□もしそうだとすると，何をする必要があるでしょうか。

メンバーは，自分の見解や解釈を話し手に押しつけようとしてはいけない。次のようなことは控える必要がある。

□自分の興味のある分野に論点をずらす。
□同じ状況で自分がしていただろうことを述べる。
□質問に対する答えを述べようとする。
□今後どのようにしたらよいか提案する。
□力を誇示するために議論をする。

話し手もまたグループのメンバーから学ぶスキルをもつ必要がある。話し手として，次のことが重要である。

□できる限り明確に，簡潔に述べる。
□個人的な話を根拠にすることは避ける。

□主張を証明する準備をしておく。

□用語や概念の理解が共有されていることを前提としない。

□出来事について単純な説明は避ける。

□もはや変えようのない過去の経験にとらわれない。

□今後の実践を予想する。

□これまで思いつかなかったような代替案に耳を傾ける。

アクションラーニングのメンバーが発揮すべきもう1つの重要な特徴として感情知能（emotional intelligence: EQ）がある。発表をする際には，グループの他のメンバーの価値観や信念や感情を考慮する必要がある。あなたが話していることがグループのメンバーに及ぼす影響を判断する1つの方法は（プレゼンターとしても，質問者としても），ボディーランゲージを観察することだ。ある研究によれば，ボディーランゲージを通して共有する合図がコミュニケーションにおいて重要な役割を担っている。私たちは無意識のうちにボディーランゲージを読み取る。それによって防衛的になったり，動揺したりすれば，そのような感情は，伝達されている情報に本当に耳を傾ける妨げとなる。

アクションラーニングのミーティングの終わりにメンバーは次のように感じるようになるはずである。

□他者の学びに貢献することができたし，自分もまた彼らから何かを学ぶことができた。

□自身の専門分野に自信をもち，次のレベルでの探究に興味をもつようになる。

□次の会合で期待されることや，そのために準備するべきことが明確になる。

5．オンラインでの協働学習

インターネットやモバイル通信の時代，また柔軟な学習が行われる現代では，若い学習者ほどコンピュータ経由で他者と関わり合うことに慣れている。

第9章 批判的思考のコミュニティ

このことのメリットは，個人が手元で利用できるリソースを使って自身の環境で学ぶことができること，また，非同時的な協働活動を通して，自分の都合のよい場所と時間に貢献できることである。しかしながら，そのようなオンラインでの協働活動をするには，別のスキルやかなりのファシリテーションが必要とされる。たとえば，協働的な活動においてコミュニケーションスキルがどれほど重要であるかということについて述べてきたが，オンライン上では，主要なコミュニケーション経路のうちの2つが欠けている。すなわち，ボディーランゲージと口調だ。例として，次の2人のやりとりを読んでみよう。

　　うわぁ，あの服大好き。
　　どれ？
　　あそこのチャリティーショップのショーウィンドウにあるあれだよ。

　ここで，ボディーランゲージ（微笑み，笑い，リラックスしている様子）と声の抑揚（皮肉っぽい，冗談を言っている感じ）があれば，ショーウィンドウにあるウール製の分厚い上下スーツに対して友達が本気で言っているわけではないとわかる。しかし，もし友達が立ち止まって，体に緊張感（興奮）を示し，声の抑揚にも興奮と情熱が表れていたら，友達が本当に真面目に言っている（そして，おそらくファッションについての何らかのアドバイスを求めている）と思うだろう。

　これは単純な例であるが，ボディーランゲージを読み，抑揚を解釈する私たちの能力によって，同じ状況でもどれだけ異なった解釈をされうるかを示している。では，オンラインはどうだろうか。

練習問題

　非同期の電子掲示板への投稿：

投稿1

ジョージ
この問題に対する君の仮説は正しいと私は思わない。私から見ると，君はすべて間違っているし，君の結論はばかげている。君が全体の概念を理解していないことは明らかだし，議論に貢献しているとは考えられない。

投稿2

親愛なるジョージ
議論に貢献してくれてどうもありがとう。おかげで私自身の解釈や結論について本当に考えさせられたし，それらを問い直すことができたよ。本当に有益だったよ。しかし，その概念についての私の説明がおそらく不十分であったために，議論のもとになっているいくつかの重要な前提のうちの1つが君に伝わっていないかもしれない。[概念を別のわかりやすい言葉で説明する記述が続く]この説明が君の考えを深める役に立ち，君がまた議論に戻ってきてくれることを望んでいるよ。

これら2つの投稿されたメッセージについて考えてみよう。それぞれのメッセージの構成内容について，正しいことと間違っていることを明確にしよう。投稿1と投稿2は，それぞれジョージにどのような影響を与えるだろうか。

非同期の電子掲示板で行われる議論では書かれた言葉だけが頼りなので，誤解されやすいということを心に留めておくことが大切である。あいさつ文もなくメッセージをHi! やDear XXXXから始めると，ぶっきらぼうだったり失礼に見えることがあるため，読み手の受容的な気分をすぐに損ねてしまうだろう。書いた文章が誤解を招いてしまうことも起こりやすいものである。読み手にその言葉のトーンを伝えようと，顔文字［例：(^_^)］やただし書き［例：(笑)］を使う人も時々いるが，使いすぎないよう注意が必要である。

　非同時的な議論では，わかりやすく書くこと，誰もが理解するだろう言葉を用いることが非常に重要である。専門用語を使う必要がある場合は，説明をする。同じことは頭文字語［訳者注：ALでAction Learningを指すなど］にもあてはまる。

(1) オンラインでのグループ構成

　オンラインでのグループワークにおいて，簡単に実現しないものの１つに「社会化」があげられる。「社会化」は対面式のグループ活動で生じるもので，グループのメンバーたちが互いの意見をまとめるようになったり，互いに信頼することを学ぶようになるための非常に重要なプロセスである。社会化を促すために，（可能であれば）最初のうちは，オンライングループを実際に会わせることが役に立つことも多い。そうすれば，この最初の社会化を生じさせることができる。このプロセスは，実際に会うだけでなく，SkypeやFace Time，電話やビデオ会議を使用して仮想的に行ってもよい。これらが難しい場合は，オンライングループを構成する初期段階においてメンバー同士で個人的情報を共有することを促すエクササイズを実施し，メンバーが互いに信頼を示し，関係を築くことができるようにする。これには，グループの団結を妨げることなくメンバー同士が確実に参加・関与するような熟練した進行役が必要である。このタイプのオンライングループの進行については，サーモン（Salmon, 2004）にわかりやすく記述されている。

(2) オンライン上で他者と活動する

　これまで，オンライン上で協働的に活動することの課題についていくつか見てきた。うっかり他者を不快にしないように，個々人が一緒に活動する相手の態度や信念を認識しておかなければならない点で，私たちが考慮しなければならないことは他にも数多くある。このようなことに気がつくことはしばしば困難であるため，オンラインで成功させるための一連の「ルール」が考案されてきた。このルールは，協働的活動だけでなく，どのようなオンラインコミュニケーションにも関連する。これはいわゆる「ネチケット」と呼ばれているもので，オンラインで協働的活動を行っているどのグループに対しても「ルール」を伝える際にネチケットを使用することは常に役に立つものである。ネチケットに関して参考になるリンクを本章の最後の参考文献のところにあげている。

本章のまとめ

　協働で活動することは批判的思考スキルを必要とし，また，そのスキルを促進する。このような活動には利点と課題がある。協働的活動がオンラインで行われるようになると，課題の難易度が増す。協働的活動には，対面式であれオンラインであれ，明確な構造が必要である。それにより私たちは，他人の批判的思考のスキルに出会うことを通して，自身の批判的思考のスキルを探求する自信を得られるし，また，他者の学びに貢献する機会が得られる。協働的活動をする際，参加者たちは仲間の信念や価値観，感情に気を配りながら，感情知能を常に示す必要がある。

引用・参考文献

Angelo, T. A.(1995). Classroom assessment for critical thinking. *Teaching of Psychology, 22*, 6-7.

Cooper, J. L.(1995). Cooperative learning and critical thinking. *Teaching of Psychology, 22*, 7-9.

McGill, I., & Beaty, A.(2000). *Action Learning: A guide for professional management and educational development*(2nd ed). London: Kogan Page.

O'Neil, V. J., & Marsick, J.(2007). *Understanding Action Learning*. New York: AMACOM.

Revans, R.(1998). *ABC of Action Learning*(3rd ed). London: Lemos and Crane.

Salmon, G.(2004). *E-tivities: The key to active online learning*. London: Kogan Page.

ウェブサイト

www.jiscmail.ac.uk/policyandsecurity/etiquette.html(accessed 4 February 2013): ネチケットの基本的ルールに関する英国情報システム合同委員会のリンク。オンラインで作業をする際に相手を不快にさせたり，誤解を招いたりしないようにするためのガイド

第 **10** 章

教育の現場における
批判的思考

　学生を特定の職業に就くために教育するための教育課程の重要な特徴の１つに，現場での実習期間が設けられているという点があげられる。この経験的な学習によって，自身の経験やその現場環境に対する反応から知識を得ることができる。この経験的な知識はそれまで学術的に勉強しきたことと矛盾することがあるかもしれない。自身の経験が既有の知識にどのように影響するのかを判断するためには，経験を批判的に分析／評価できるようになる必要がある。既有知識と経験的な知識の２つを統合することで，自身の専門領域に対する理解は深まり，その統合された知識を実践に応用することが可能になる。

　実習は，あなたがその職業人の一員となる経験をし，大学で学んだ知識や理解を実践できるように計画されている。現場での実習はどれも類似した目的を果たし，類似した目標に向かって進んでいくものの，実習を始めるとすぐに，各実習はそれぞれ非常に異なっていること，それぞれ特徴があるということに気づくだろう。こうした違いがある理由はさまざまであるが，これらの違いを認識し，なぜそのような違いが存在するのかを分析することが重要である。そうすることによって，実習で得られる経験的知識の価値や妥当性を判断できるようになるし，また，それらがあなたの知識構築や知識の実践的応用にもたらす影響を判断できるようになる。

◀　◀　◀　◀　**本章の目標**　▶　▶　▶　▶
この章では，次のことを理解する。

□ 実習という文脈の特徴を批判的に分析する。
□ 実習という文脈と関連した批判的思考スキルを育成する。
□ 批判的内省アプローチを用いて，それぞれの実習環境に特有のニーズに応えるために自身の実践を修正する方法を明らかにする。

Ⅰ. 職業能力育成のための背景文脈の重要性

　どのような専門家育成プログラムでも，個人のパフォーマンスは彼らが活動する文脈の影響を基本的に受けるということを踏まえておかなければならない。どれほどの学習を大学の教室で行ったとしても，実際に仕事をする中で遭遇するであろう果てしなく多様な経験に対して学生を準備させることはできない。これまでの章で，批判的思考者はあらゆることに疑問をもたなければならないということを見てきた。実習という状況で学生は，しばしば権威に対して疑問をもつという権限が与えられていないように感じることがあるが，疑問をもってよいと感じることが重要である。それは，疑問をもったり，批判的思考スキルを実践しなければ仲間の経験知から学ぶことはできないからである。時に専門職課程の学生たちは，「正しい方法」や「黄金律」を教えてほしいという思いに駆られることがある。「正しい方法」は文脈による，というのが真実である。仕事の現場では，やることすべて，学ぶことすべてについて，特定の場所における特定の要求や優先順位，機会や限界を考慮に入れなければならない。

　文脈の重要性は，専門的実践における特定の事柄を伸ばす機会に結びついている。まず，その日まで学んできたことを振り返り，求められる専門的能力の中であなたが伸ばす必要がある能力を明らかにすることが必要である。自分自身の強みや弱点，価値観を意識することによって，それぞれの実習について，専門的実践で伸ばす必要のある事柄という文脈から批判的に分析することができる。このように文脈を考慮することはまた，重要な学習方略にもつながる。文脈についての情報を集めることで，あとで分析することのできるデータを蓄積する。その蓄積によって，文脈に対して自分がどのように関わり，対応しているのかや，学んだことを振り返ることができる。

　そして，この豊かなデータは他の研究（例：読書，大学の講義やゼミ，他の学生との会話）の中で評価することができる。分析をすることによって異

第10章　教育の現場における批判的思考

なる情報源を統合し，職業についてより役立つイメージを構築しやすくなるだろう。

練習問題

これまでの自分の専門的成長について振り返りをしてみよう。

- □ どの領域で進歩してきたと感じているだろうか。
- □ さらなる成長や経験が必要であると感じるのはどの領域だろう。
- □ 次に優先して成長させたい5つの事柄を考え，リストにまとめてみよう。これらの分野に取り組むにあたって，文脈はあなたの能力にどのように影響を及ぼすのか考えてみよう。

振り返りの例）

> □ **最優先事項**
> 私の学習到達目標を達成するためには，大学での学びをどのように現実世界での学びに結びつけられるかを理解する必要がある（例：職業実践の背後にある理論を学んだ生物医学の科学者は，実際の臨床検査室でその理論がどのように応用されているかを理解する必要がある）。
>
> □ **文脈の重要性**
> 私の学問分野は幅広い領域と関連しているため，私は，学んできたことを転移させることができるように，さまざまな職場の文脈を経験する必要がある（例：細菌学の研究室，ウイルス学の研究室など）。

２．背景文脈の分析のプロセス

　職場の文脈の分析を最大限活用するためには，あなたの他の学びについて計画するのと同様に慎重に分析の計画を立てることが重要である。これは，特定の実習が始まるときから情報に注意を払い，その情報を噛み砕く方略をもっておくことを意味する。

(1) 初期分析
　あなたは新しい実習環境に到着する前から，実習がどのようなものになるのかについてイメージし始めるだろう。実習する組織や機関の名前だけでも，実習環境の手がかりを与えてくれる。たとえば，リウマチ専門病院は専門家がいる医療センターであろうことや，聖マタイ英国国教会小学校は英国国教会から基金を受けており，キリスト教的信仰をもっていることを推測することができる。また，所在地（例：スラム街，田舎）からも，実習場所についてのいくつかの見方をもち始めるかもしれない。

　文脈に関する情報は，他にも地方自治体や専門機関，外部の情報源，たとえば地元当局や専門組織，ビジネス・イノベーション・技能省（Department for Business, Innovation and Skills ［訳者注：英国政府の省庁の１つ］）や国民保険サービス（National Health Service ［訳者注：英国の国営医療サービス機関］），あるいはその文脈について知っている家族や友人など，外部情報源からも得られることがる。文脈を知るための出発点として，これらのデータを集めることは有益である。組織風土や倫理に関する情報を集めるために，組織のウェブサイトを見てみよう。ただ，ここでは注意が必要である。ごくわずかな情報や，誰かの見方に影響を受けた情報をもとに結論を導いてしまうことは非常に安易なことである。自身の見解を理解するためには，これらの初期のデータを解釈する必要がある。このプロセスは，理解しようとしている場所についてというよりも，むしろ自分自身について多くのことを教えてくれる。

第10章　教育の現場における批判的思考

　あなたは，実習先（実習校など）の敷地内に到着した瞬間からこの初期分析のプロセスを続行することになるだろう。まずは外側から，所在地，建物，敷地の特徴を理解する。中に入ると，レイアウトや内装，陳列，表示などに気づく。これらから，その場の哲学や価値観，優先順位についての考えが得られるだろう。その機関のリソースの提示の仕方や管理の仕方は，その機関が何を重要と考えているのかということについての洞察を与えてくれるであろう。このプロセスと並行して，これらの特徴を自分がどのように解釈したのか，なぜそのように解釈したのかについて分析する（振り返る）こともまた必要である。

練習問題

　まず，あなたがそこの一員として働く経験に影響を及ぼすかもしれない組織について，長所も短所も含めたすべての特徴を考えてみよう。
　次に，あなたが現実的に実習をすることができそうな組織を1つ決めよう。そして，その組織のウェブサイトを調べて，組織に対する自分の意見をまとめてみよう。
　最後に，さまざまな他の情報を探してみよう。これらの情報はあなたの最初の判断にどのように影響するだろうか。自分自身のことについて，このことから何かいえるだろうか。
　ある文脈の中には，あなたの働き方に直接影響を及ぼす特徴があるだろう。すなわち，あなたにとっていくつかの特徴は他の特徴に比べてより重要であるかもしれない。それぞれ異なった特徴すべてに対応しようとすることは非現実的であるかもしれない。そこで次にやるべきことは，優先順位をつけることである。自分の専門能力を育成するために，もっとも良い機会を提供してくれるのはどの特徴だろうか。自分自身で考えてみる必要がある。
　選択できる特徴の数は，実習中にあなたが費やすことのできる時間によるだろう。何を成し遂げたいかと考えるときは現実的であるべきだ。自分の目標について経験豊かな同僚と話し合いたいと考えるかもしれない。重要な問題を特定したら，それぞれの問題について詳しく考えることが必要だ。次のような問

いを自分自身に投げかけながら考えてみよう。

　　□なぜ私はこの領域を重要な問題として選んだのか。
　　□この実習の文脈において，この問題について私が気づいたことは何か。
　　□自身の専門能力を育成するためになぜそれが重要なのだろうか。
　　□この領域での自身の専門性について，何か心配なことはあるだろうか。
　　□実習が終わるまでに，私は何を達成したいのか。
　　□成功したかどうかはどのようにしてわかるのか。

　これらの問いに答えることで，自身の考え，感情，意図を明確にする手助けをするようなわかりやすいストーリーが形成されるはずだ。これをすることであなたは，仕事について学ぶ機会があるときに，自分が行きたい場所はどこかという感覚をつかめるだろう。

3．分析の継続

　実習先を決め，上記の「実践課題」を通して自分の目的を理解したら（もちろん，個人的な目的以外にも学習プログラムで定められた学習目標もあるだろう），実習期間中に定期的に分析プロセスを継続していく必要がある。自身の成長プロセスの分析は毎日するほうがよいと思う人もいれば，週ごとにするほうがよいと思う人もいる。あなたはそれぞれのやり方の利点を考えたいと思うかもしれない。自身が学んだことや，その学習に文脈がもたらし

第10章　教育の現場における批判的思考

た影響を分析するためには，それを調べるために記録をつけたりデータを集める必要がある。この点については，さまざまな調査方法を扱った第4章と関連する。たとえば，組織の中のマネジメント構造があなたの個人的成長や専門的な成長にどのようにつながるのかを観察したいと考えたとしよう。その場合，収集する情報やデータは，次の形式の1つまたは複数の組み合わせになるだろう。

あなたが観察しながら書き留めたメモ

□十分系統立てられた観察計画
□会議や評価のインタビューの記録（音声／ビデオ）
□公式の方針や手順を記した書類

メモ書きは，あなたの解釈が一切入り込まない純粋な記述であるようにすることが重要である。次の実践課題では，このプロセスの最初の段階と中立的な記述の必要性に注意を向けてみよう。

練習問題

下記の2種類の観察ノートを比較しなさい。

報告1

　子どもたちは4人グループに分かれるように指示された。最初は移動することにためらいが見られ，グループワークへの消極的態度が示唆されていた。笑いやおしゃべりが多く見られたので，子どもたちは友達と活動することを選択する傾向があることは明白だった。民族的にマイノリティの子どもたちは明らかに異なる民族の子どもよりも同じ民族同士で活動する

ことを好んでいた。ほとんどの子どものボディーランゲージは好意的な印象を与えるもので，彼らがリラックスしていることを示していた。一方，閉鎖的なボディーランゲージをとる子どもも少数いて，彼らは状況を心地よく感じていないようだった。

報告2

　子どもたちは4人グループに分かれるように指示された。笑いやおしゃべりが多く見られたものの，課題をするように指示されてから，子どもたちが実際に課題を始めるまで少々時間がかかった。どのグループにも，民族的に異なるメンバーは含まれていなかった。また，8つのグループのうち男女混合で構成されていたのは3グループのみだった。子どもたちの中には，両腕を胸の前で組み，貧乏ゆすりをしながら静かに座っている者も何人かいた。他の子どもたちは，笑ったり背もたれにもたれながら身振り手振りを交えて話していた。

次のことについて考えてみよう。

□これら2つの報告に共通する点は何か。
□異なる点は何か。
□報告2に比べて，報告1はどのような意味で出来事の1つの解釈だといえるだろうか。
□それぞれの報告から，私たちは子どもたちについてどのようなことがいえるだろうか。
□教育従事者にとって，どちらの報告の方が役に立つだろうか。それはなぜか。

観察をメモに残したら，メモから思いつく問いについて考える必要がある。たとえば，なぜ子どもたちはグループをつくるのに時間がかかったのだろう。そのような選択に慣れていないのだろうか。グループ活動が嫌いなのだろうか。

子どもたちに与えられた指示はわかりやすかっただろうか。

　この出来事が喚起する問いをリストにしてまとめよう。

　この子どもたちのやりとりから導くことが可能な研究領域を考えよう。たとえば，なぜ民族的にマイノリティーの子どもたちは，他の民族の子どもたちと一緒に活動することよりも同じ民族の子どもたちと活動する傾向があるのだろうか。

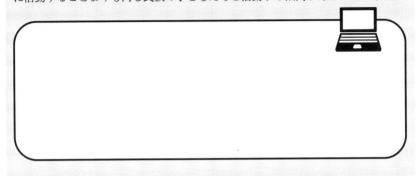

(1) 倫理に関する注意

　本書の第4章では，研究を実施する際の倫理審査や参加者に対するインフォームドコンセントの必要性について述べた。大人であれ子どもであれ，他者の情報の収集するような研究はいずれも，あなたが属しているプログラム（やあなたが所属している組織）によって定められた倫理的手続きにそって行われる必要がある。あなたの研究は，匿名性や権利侵害からの保護を保証することを目的とした条件を確実に満たしていなければならない。

> **実践例**
>
> 　ある学生が小学校教員になるための学習の一環として2回目の実習［訳者注：英国での教育実習は2回に分けて行われる］に参加していた。この学生の実習先の学校の重要な特徴の1つは，子どもたちの多くが母国語以外の言語としての英語（English as an Additional Language：EAL）を学んでいることである。学生は最初に行った分析で，この領域で自分のスキルを伸ばすために3つのことを計画した。

①担任教諭のEALの各児童との活動を観察する。
②EALについて文献を読む。
③すべての授業でEALを学習している児童のニーズについて考える。

　このような方法を用いて，学生は，EALを学ぶ児童と活動するうえでの自信を培うという目的を実習が終わるまでに達成することを望んでいた。
　この学生は，その担任教諭が教えているときに実施できる観察計画を立てた。この計画では，先生の児童とのやりとりを次のような段階に分けて観察することにした。
　　□観察時間
　　□活動
　　□教師による導入
　　□グループワーク
　　□個人の活動
　　□授業のまとめ

　学生は授業中のそれぞれの段階で，教師がEAL学習者に対してどのような言葉使いをしていたか，どのような教材を用いたか，児童の間違いにどのような対応をしたか，他の児童の発言等をどのように活かしていたか，特定の児童に合うように授業をどのように修正していたかを観察した。
　学生は観察し，それをもとに自身が授業する際の方針と実践例をいくつか整理した。

4．職業的能力の成長を振り返る

　文脈的な分析は，本質的に循環的である。すなわち，一連の問いが研究へとつながり，その研究がさらなる問いや次の研究へとつながっていくことがある。そして，今度はより進んだ問いと研究につながるのだ。職業的な文脈での実習では，文脈について知れば知るほど，またさらなる情報を発見するほど，このようなサイクルが複数起こりうるものである。また，実習のは

じめには重要であると思われた事柄があまり重要ではなくなったり，あなた
の専門的な成長にとって他の特徴がより重要になってくることもあるだろう。
自分の学習ニーズに適うために，焦点を変えることを恐れる必要はない。

　実習の終わりが近づいてきたら，自分にとって重要なポイントごとに，実
習を通してどの程度成長が見られたか振り返った方がよい。もちろん，専門
的な実践について学んだことも，学習プロセスそのものについて学んだこと
も，勉強中の専門家としての自分自身について学んだことも，たくさんある
だろう。しかしながら，あなたにとって際立って重要なことに対する自分の
成長を振り返ることが大切なのである。次のような一連の質問を自分自身に
投げかけてみるとよいだろう。

　　　□重要な問題について，自分自身の考えはどのように進歩しただろうか。
　　　□実習前は知らなかったことで，実習後の今は知っていることは何か。
　　　□この実習という文脈によって，自分の専門的な意識やスキルはどのように
　　　　成長しただろうか。
　　　□それは今後の仕事にどのような影響を与えるだろうか。
　　　□次のやるべきことの中にはどのような問題があるだろうか。

本章のまとめ

　職業実習や他の環境から学ぶためには，批判的思考スキルを活用する必要
がある。批判的思考スキルを環境に対する理解や評価に適用することは，自
身の専門的な役割とその範囲を理解しようとするすべての人にとって必要不
可欠である。

　批判的思考スキルには，注意深い観察と環境からのデータ収集，複雑な環
境や出来事の解釈，そして自身の価値観や信念をあらわにするある程度の自
己分析が含まれる。

引用·参考文献

Gambrill, E., & Gibbs, L. (2009). *Critical Thinking for Helping Professionals: A skills-based workbook* (3rd ed). New York: Oxford University Press.

Jacques, K., & Hyland, R (Eds.). (2007). *Professional Studies: Primary and early years* (3rd ed). Exeter: Learning Matters.

索　引

▶あ

暖昧性　22, 23
アクションラーニング　120, 126
アクションリサーチ　54
アプリシエイティブ・インクワイアリー
　　（appreciative inquiry: AI; 肯定的探
　　究）　121, 124
アンジェロ, T. A.　116

▶い

イールズ-レイノルズ, L. J.　60
一次資料　69
インフォームドコンセント　62, 141

▶う

埋め込まれた思考　26

▶え

英国リテラシー指導方略（National
　　Literacy Strategy: NLS）　96
エスノグラフィ　52, 53, 68
エヴァレット, C.　97
演繹　111

▶お

オープンクエスチョン　125
オンライングループ　129
オンラインでの協働学習　126
オンライン評価　82

▶か

解釈　5, 109
学習成果　75, 76
学習日誌　87
カリキュラム　103
カリフォルニア批判的思考スキルテスト
　　111
感情知能（emotional intelligence: EQ）
　　126

▶き

帰無仮説　45
客観性　20, 21
教育実習　60, 87, 94

▶く

クーパー, J. L.　116
クラーク, C.　33
グラウンデッド・セオリー　60
クローズドクエスチョン　124

▶け

形成的評価　75
研究情報ネットワーク　32
現象学　52
検討　109
ケンバー, D.　92

▶こ

構造化／半構造化面接　55

145

高等教育　66
コミュニケーション　73, 126
　　——経路　127
混合アプローチ　51

▶さ ——
サーモン, G.　129

▶し ——
自己参照　87
質的研究　51
　　——の方法　54
　　——の方法論　51
質的データ　48
質問紙調査　56, 59
主観性　19
情報リテラシー　31, 32, 41
抄録　67
職業能力育成　134
信頼性　110

▶す ——
推論　11, 12, 109
スミス, L.　96
スプラッドリー, J. P.　52

▶せ ——
正規分布　46
説明　12, 109
前提　16, 18

▶そ ——
ソメック, B.　54
存在論　3

▶ち ——
著作権　38

▶て ——
t 検定　45
テーマ分析　59
デューイ, J.　89

▶と ——
問いを出すアプローチ　26
統計的検定法　46
ドナルドソン, M.　26

▶な ——
内省　89-93

▶に ——
二次資料　69
認識論　3

▶ね ——
ネチケット　130

▶の ——
ノンパラメトリック分析　46

▶は ——
バイアス　19

▶ひ ——
ピアジェ, J.　26

ビーン，J. C. 73
批判的思考 2
——のプロセス 3
——スキル 4, 5, 74, 86
——テスト 111
——の定義 13
——能力 111
批判的内省 93
——アプローチ 133
批判的な自己評価 90
評価 9, 102, 109
評価者 104, 108
剽窃 38, 40

▶ふ ———
ファシオネ，N. C. 13, 108, 109
ファシオネ，P. A. 4, 13, 108, 109
ブード，D. 89
ブレインストーミング 78, 79
文献管理ソフト 36, 37, 70
分析 7, 109

▶ほ ———
ポートフォリオ 87
母国語以外の言語として英語（English
　as an Additional Language: EAL）
　87, 141
母集団 46
ボディーランゲージ 126, 127

▶ま ———
マートン，F. 52
マインドマップ 78, 79

学びの共同体 117

▶め ———
メタ認知 12, 109
面接調査 55

▶ら ———
ライティング 73, 85
ラッツ，C. 109

▶り ———
リサーチクエスチョン 36, 44, 57
リッカート尺度 58
量的データ 44
倫理 62, 141

▶る ———
ルーブリック 108

▶れ ———
レヴァンス，R. 120
レトリック 10, 24

▶ろ ———
論証 16, 18

▶わ ———
ワトソン・グレーザー批判的思考テスト
　111

147

日本語版推薦図書

第1章

楠見　孝・子安増生・道田泰司(編)(2011)．　批判的思考力を育む―学士力と社会人基礎力の基盤形成―　有斐閣

楠見　孝・道田泰司(編)(2015)．　ワードマップ 批判的思考―21世紀を生きぬくリテラシーの基盤―　新曜社

道田泰司(2012)．　最強のクリティカルシンキング・マップ―あなたに合った考え方を見つけよう―　日本経済新聞社

道田泰司・宮元博章(1999)．　クリティカル進化(シンカー)論―「OL進化論」で学ぶ思考の技法―　北大路書房

鈴木　健・竹前文夫・大井恭子(編)(2006)．　クリティカル・シンキングと教育―日本の教育を再構築する―　世界思想社

第2章

Zechmeister, E. B., & Johnson, J. E.(1992)．　*Critical thinking: A functional approach.*　Belmont, CA: Thomson Brooks/Cole.(宮元博章・道田泰司・谷口高士・菊池聡 (訳)(1996)．　クリティカルシンキング 入門篇―あなたの思考をガイドする40の原則―　北大路書房)

Zechmeister, E. B., & Johnson, J. E.(1992)．　*Critical thinking: A functional approach.*　Belmont, CA: Thomson Brooks/Cole.(宮元博章・道田泰司・谷口高士・菊池聡 (訳)(1997)．　クリティカルシンキング 実践篇―あなたの思考をガイドするプラス50の原則―　北大路書房)

第3章

根本　彰(2017)．　情報リテラシーのための図書館―日本の教育制度と図書館の改革―　みすず書房

第4章

石井秀宗(2005)．　統計分析のここが知りたい―保健・看護・心理・教育系研究のまとめ方―　文光堂

吉田寿夫(1998)．　本当にわかりやすいすごく大切なことが書いてあるごく初歩の統計の本　北大路書房

日本語版推薦図書

第5章

Meltzoff, J., & Cooper, H.(2018). *Critical thinking about research: Psychology and related fields*. Washington, DC: American Psychological Association.(中沢　潤(監訳)(2005)．クリティカルシンキング 研究論文篇—心理学と関連領域—　北大路書房)

第6章

Browne, M. N., & Keeley, S. M.(2001). *Asking the right questions: A guide to critical thinking*(6th ed). Upper Saddle River, NJ: Prentice Hall.(森平慶司(訳)(2004)．クリティカル・シンキング練習帳　PHP研究所)

伊勢田哲治・戸田山和久・調　麻佐志・村上祐子(2013)　科学技術をよく考える—クリティカルシンキング練習帳—　名古屋大学出版会

第7章

Dewey, J.(1910). *How we think*. Boston：Heath.(植田清次(訳)(1950)．思考の方法　春秋社)

Fisher, A.(2001). *Critical thinking. An introduction*. Cambridge: Cambridge University Press.(岩崎豪人・浜岡　剛・山田健二・品川哲彦・伊藤　均(訳)(2005)．批判的思考入門　ナカニシヤ出版)

第8章

樋口直宏(2013)．批判的思考指導の理論と実践—アメリカにおける思考技能指導の方法と日本の総合学習への適用—　学文社

第9章

Paul, R., & Elder, L.(2001). *Critical thinking: Tools for taking charge of your learning and your life*. Upper Saddle River, NJ: Prentice Hall.(村田美子・巽　由佳子(訳)(2003)．クリティカル・シンキング—「思考」と「行動」を高める基礎講座—　東洋経済新報社)

第10章

楠見　孝・道田泰司(編)(2016)．批判的思考と市民リテラシー—教育，メディア，社会を変える21世紀型スキル—　誠信書房.

楠見　孝・津波古澄子(2017)．看護におけるクリティカルシンキング教育—良質の看護実践を生み出す力—　医学書院

Paul, R., & Elder, L.(2001). *Critical thinking: Tools for taking charge of your learning and your life*. Upper Saddle River, NJ: Prentice Hall.(村田美子・巽　由佳子(訳)(2003)．クリティカル・シンキング実践編—「仕事」と「人生」を豊かにする技術—　東洋経済新報社)

149

著者紹介

レスリー -ジェーン・イールズ-レイノルズ（Lesley-Jane Eales-Reynolds）

ウエスト・ロンドン大学　教授

ウェールズ大学で微生物学の学士号（理学），バース大学で免疫学の博士号を取得。マックスプランク研究所およびロンドン聖マリア病院で博士研究員をしたあとサリー大学に所属。ウエストミンスター大学で教授学習・教育学研究のディレクター，キングストン大学教育担当副学長代理を経て現職。2003年より免疫学と健康科学教育の教授として，健康科学に関連する革新的な教育方法を主導してきた。2001年には英国ティーチング・フェローシップ（National Teaching Fellowship）を受賞。2007年には高等教育アカデミーの最初のシニア会員の1人に選ばれ，2012年には同アカデミーのプリンシパル会員になる。同アカデミーの元理事。現在，真正の評価を開発することを通して批判的思考スキルを育成するためのWeb 2.0ツールを活用する国際プロジェクト（英国ティーチング・フェローシップの事業から資金提供を受けたプロジェクト）を主導している。

ブレンダ・ジャッジ（Brenda Judge）

マンチェスター・メトロポリタン大学　上級講師

小学校教員養成課程の教育を受け，小学校教員として教壇に立つ。2つの学校で校長を務めたあと，エッジ・ヒル大学で学部および大学院生に教育学を教える。エッジ・ヒル大学では，学部1年生を担当した。後にマンチェスター・メトロポリタン大学で教員養成課程の学部生と大学院生の教育に従事する。英語と教育学がおもな担当科目で，特に子どもの学習と読みの発達をどのように支援するかに関心をもってきた。修士論文では，特に校長の評価を含む小学校運営に焦点を当てた。1995年に出版した『小学校の教室で教えるということを学ぶ（*Learning to Teach in Primary Classroom*）』に加え，教育問題に関する本も書いている。現在は，2012年以降の英語カリキュラムに関する本の執筆に取り組んでいる。

パトリック・ジョーンズ（Patrick Jones）

マンチェスター・メトロポリタン大学　元上級講師

　小学校の教員および校長を経てマンチェスター・メトロポリタン大学上級講師（初等教育）を歴任。2008年に音楽への情熱に焦点を当てた本を出版。これまでに作曲した多くの曲は，評価の高いアマチュアオーケストラに演奏されてきた。退職後は英国チェシャー州の学校で音楽家／教師としてボランティア活動をしながら，ファインアート（芸術）の学位をとるために学んでいる。

エレイン・マックリーリー（Elaine McCreery）

マンチェスター・メトロポリタン大学　幼児・初等教育課程主任

　ローハンプトン大学では，初等教育課程で教えるとともに，教育学修士課程およびキャリアを中断した教員を対象とした「教職復帰プログラム（Return to Teaching Programme）」を主導した。もともと小学校教員になる教育を受け，小学校と中学校で教えた経験をもつ。おもな教育領域は宗教教育。子どもの宗教的な発達や，教師のアイデンティティー，宗教系の学校（faith school）の役割に関心がある。宗教教育と小学校運営に焦点を当てて修士号をとり，博士論文では子どもの宗教的な発達に小学校教員がどのように関わっていけるのかを考察した。1993年には最初の本『小学校における集団礼拝（*Collective Worship in the Primary School*）』を出版し，その後，人間関係の教育や教師教育に関する書籍や論文を出版している。現在は，次世代教員のための初等教育の課題と期待に応えるための教員養成課程の開発に取り組んでいる。

訳者紹介

楠見　孝（くすみ たかし）

京都大学大学院教育学研究科　教授

1987年　学習院大学大学院人文科学研究科心理学専攻博士課程単位取得退学
現在　京都大学大学院教育学研究科教授，博士（心理学）
主著　批判的思考力を育む：学士力と社会人基礎力の基盤形成（共編著）　有斐閣　2011年
ワードマップ：批判的思考：21世紀を生きぬくリテラシーの基盤（共編著）　新曜社
　2015年
批判的思考と市民リテラシー：教育，メディア，社会を変える21世紀型スキル（共編著）
　誠信書房　2016年
看護におけるクリティカルシンキング教育: 良質の看護実践を生み出す力（共著）　医学
　書院　2017年

田中　優子（たなか ゆうこ）

名古屋工業大学大学院工学研究科　准教授

2009年　京都大学大学院教育学研究科教育科学専攻　修了
現在　名古屋工業大学大学院工学研究科准教授，博士（教育学）
主著　批判的思考を育む：学士力と社会人基礎力の基盤形成（分担執筆）　有斐閣　2011年
教育認知心理学の展望（分担執筆）　ナカニシヤ出版　2016年
批判的思考の表出判断に及ぼす状況変数と個人差変数の効果，心理学研究，87(1)，60-
　69，2016年

大学生のためのクリティカルシンキング
―学びの基礎から教える実践へ―

2019年11月20日　初版第1刷発行 2021年3月31日　初版第2刷発行	定価はカバーに表示 してあります。

著　　者　レスリー-ジェーン・イールズ-レイノルズ

ブ レ ン ダ・ジ ャ ッ ジ

パ ト リ ッ ク・ジ ョ ー ン ズ

エ レ イ ン・マ ッ ク リ ー リ ー

訳　　者　楠見　　　孝

田中　　優子

発 行 所　㈱北大路書房

〒603-8303　京都市北区紫野十二坊町12-8
電　話　(075) 431-0361代
Ｆ Ａ Ｘ　(075) 431-9393
振　替　01050-4-2083

©2019

印刷・製本／亜細亜印刷（株）
組版／華洲屋
装幀／野田和浩
検印省略　落丁・乱丁本はお取り替えいたします。
ISBN 978-4-7628-3088-4　Printed in Japan

・ |JCOPY| 〈㈳出版者著作権管理機構　委託出版物〉
本書の無断複写は著作権法上での例外を除き禁じられています。
複写される場合は，そのつど事前に，㈳出版者著作権管理機構
（電話 03-5244-5088, FAX 03-5244-5089, e-mail: info@jcopy.or.jp）
の許諾を得てください。

クリティカル進化論
『OL進化論』で学ぶ思考の技法

道田泰司, 宮元博章（著）　　秋月りす（漫画）
A5判　222頁　　本体1400円+税
ISBN978-4-7628-2139-4

秋月りすの4コママンガ『OL進化論』を楽しみながら思考の技法を学ぶ。初心者のためのクリティカルシンキング超入門書！
自分の周囲の人や種々の問題について, 正確に理解し, 自分の力で考え, 適切な判断をしていくのがクリティカルな態度であり, その思考である。クリティカル思考は複雑化した現代社会に適応していく上でも必要となろう。
本書では, ユーモアあふれる4コマ漫画を題材にわかりやすく楽しく身につけてもらうことをめざした。

クリティカルシンキング〈入門篇〉

E.B.ゼックミスタ,
J.E.ジョンソン(著)

宮元博章, 道田泰司,
谷口高士, 菊池 聡(訳)

四六判 250頁
本体1900円＋税
ISBN978-4-7628-2061-8

「クリティカルシンキング」を系統的に学習するためのテキスト。提示された「原則」や豊富な練習問題を通じ，自ら考える習慣を身につける。

クリティカルシンキング〈実践篇〉

E.B.ゼックミスタ,
J.E.ジョンソン(著)

宮元博章, 道田泰司,
谷口高士, 菊池 聡(訳)

四六判 302頁
本体1900円＋税
ISBN978-4-7628-2093-9

好評の入門篇に続く実践篇。メタ認知とマインドフルな態度を支柱に，学習，問題解決，意思決定，議論の際のクリシン思考を身につける本。

クリティカルシンキング〈不思議現象篇〉

T.シック.ジュニア,
L.ヴォーン.(著)

菊池 聡, 新田玲子(訳)

A5判 304頁
本体2600円＋税
ISBN978-4-7628-2407-4

偏った認識や歪んだ思考を生み出す過程を多角的に分析。実用的なクリシン知識と技術を提供。

クリティカルシンキング〈研究論文篇〉

J.メルツォフ(著)
中澤 潤(監訳)

A5判 320頁
本体3800円＋税
ISBN978-4-7628-2459-3

論文を読む際の批判的心構えの喚起や，研究の原理・方法についての理解の促進，証拠を曖昧にする罠への注意等，論文読解力が飛躍的に向上する「論文の読み方マニュアル」。